W0180153

Nodari / De Rosa **Mehrsprachige Kinder**

⋮ Haupt

Claudio Nodari   Raffaele de Rosa

Mehrsprachige Kinder

Ein Ratgeber für Eltern
und andere Bezugspersonen

Haupt Verlag
Bern Stuttgart Wien

Bibliografische Information der Deutschen Bibliothek:
Die Deutsche Bibliothek verzeichnet diese Publikation in der
Deutschen Nationalbibliografie; detaillierte bibliografische Daten
sind im Internet unter http://dnb.ddb.de abrufbar.
ISBN 3-258-06319-2

Lektorat: Regine Balmer, Bern
Gestaltung und Satz: Atelier Mühlberg, Basel
Umschlagfoto: Dominique Uldry, Bern

Alle Rechte vorbehalten
Copyright © 2003 by Haupt Verlag Berne
Jede Art der Vervielfältigung
ohne Genehmigung des Verlages ist unzulässig
Printed in Germany

http://www.haupt.ch

Inhaltsverzeichnis

Vorwort

Die weltweite Migration ist seit Jahrzehnten eine Realität. Menschen unterschiedlicher Kulturen und Sprachen leben im engen Kontakt. Immer mehr Menschen gestalten ihr tägliches Leben in mehr als einer Sprache, immer mehr Mütter und Väter sprechen zwei oder mehr Erstsprachen, immer mehr Kinder wachsen zwei- oder mehrsprachig auf.

Das vorliegende Buch ist ein Ratgeber für die mehrsprachige Kindererziehung. Eltern, Lehrpersonen vor allem in multilingualen Klassen, Betreuungspersonen in Krippen, Hort oder Spielgruppen, Kinderärztinnen, Kinderpsychologen, Logopädinnen oder Sprachtherapeuten finden in diesem Buch Antworten auf gängige Fragen, die sich im Zusammenhang mit der Entwicklung von mehr als einer Sprache bei Kindern stellen. Welche Sprache sollen die Eltern mit ihren Kindern sprechen? Werden Kinder mit zwei oder mehr Sprachen überfordert? Wie lernen die Kinder am besten die Sprache der Schule? Führt Mehrsprachigkeit zu schulischen Lernproblemen? Was sollen Eltern tun, damit die Kinder von klein auf zwei oder mehr Sprachen lernen, ohne dass sie in der Schule benachteiligt sind? Auf diese und viele andere wichtige Fragen liefert das Buch ausführliche Antworten und Einblicke in die Erforschung der Mehrsprachigkeit.

Das Buch versteht sich allerdings nicht als wissenschaftliche Abhandlung. In allgemein verständlicher Sprache werden die unterschiedlichen Fragestellungen erörtert, mit konkreten Beispielen illustriert und – wo sinnvoll – die Antworten mit Forschungsresultaten begründet. Im Vordergrund steht das Ziel der klaren und übersichtlichen Information von Personen, die an Fragen der mehrsprachigen Erziehung interessiert sind, jedoch keine oder nur begrenzte linguistische Grundkenntnisse besitzen. Das Buch bietet sich aber auch als Grundlagenlektüre an in der Aus- oder Weiterbildung in den unterschiedlichen Bereichen der Kinderbetreuung.

Diese Publikation ist das Resultat einer langjährigen Auseinandersetzung der Autoren mit Fragen der mehrsprachigen Erziehung. In Veranstaltungen mit Eltern, in Weiterbildungskursen mit Lehrpersonen, in der täglichen Erfahrung als zweisprachig erziehende Väter, in vielen Gesprächen mit Kolleginnen und Kollegen hat sich eine Erfahrung angesammelt, die für die Herausgabe eines Ratgebers grundlegend ist. Allen Personen, mit denen wir über mehrsprachige Erziehung diskutieren durften und die uns ihre Erfahrungen mitgeteilt haben, möchten wir herzlich danken. Für die kritische Durchsicht des Manuskripts und für die vielen kostbaren Anregungen sind wir folgenden Kolleginnen und Kollegen ebenfalls sehr dankbar: Elisabeth Ambühl-Christen, Gabriela Bai, Beatrice Bilan, Markus Busin, Mio Chiquet-Kägi, Claudia Neugebauer, Basil Schader, Theresa von Siebenthal. Sie alle haben wesentlich dazu beigetragen, dass die folgenden Seiten leicht lesbar und inhaltlich fundiert sind.

Einleitung

Das Thema Sprache und Sprachenlernen beschäftigt nicht nur Fachpersonen wie zum Beispiel Linguisten, Psychologinnen, Didaktiker und Lehrerinnen.[1] Es beschäftigt heute auch breite Bevölkerungsschichten mehr denn je und scheint seit einigen Jahren geradezu Konjunktur zu haben. Auf der politischen Ebene steht die Frage des Erwerbs einer oder mehrerer Fremdsprachen im Vordergrund. Das Jahr 2001 war das europäische Jahr der Sprachen, und das Europäische Sprachenportfolio[2], mit dem man seine eigenen Sprachkompetenzen in den verschiedensten Sprachen dokumentieren kann, ist vielleicht das wichtigste Produkt dieses Jahres. Auf wissenschaftlicher Ebene werden Fragen des Spracherwerbs seit einigen Jahrzehnten intensiv erforscht und diskutiert. Es liegen viele Resultate vor, die aber selten den Weg zum allgemeinen Weltwissen finden. Dies zeigt sich etwa in Alltagsgesprächen, in denen man immer wieder Klagerufe über die vermeintlich schlechte Sprachkompetenz junger Leute hört – ein Allgemeinplatz, der auch von früheren Generationen gepflegt wurde: «Die heutige Jugend kann nicht richtig Deutsch», «Fernsehen und Computer machen den Menschen sprachlos» – so oder ähnlich tönt es in Diskussionen.[3] Abgesehen von der alten und unbegründeten Angst vor dem Niedergang der deutschen Sprache, besteht heute mehr denn je auch die Angst, dass die eigenen Kinder die deutsche Sprache nicht richtig lernen, weil sie von fremdsprachigen Kindern umgeben sind.

■   Aus dem Alltag einer zweisprachigen Familie: Ich reise im Zug mit meinem Sohn Giuliano von Zürich nach Bern. Giuliano ist drei Jahre alt und wir sprechen zusammen Italienisch. Er schaut aus dem Fenster, sieht Kühe auf einer Weide, zeigt mit dem Finger zum Fenster und sagt strahlend: «Papa, guarda, mucche, mucche!» (Papa, schau Kühe). Das Kind gegenüber hört Giuliano und antwortet auf Schweizerdeutsch: «Da häts e kei Mugge!» (Hier gibt's keine Mücken). Ich lache und sage dem Jungen, dass die zwei Wörter auf Schweizerdeutsch und auf Italienisch fast gleich tönen, aber etwas ganz anderes bedeuten. Die Großeltern des Jungen sind erstaunt und fragen mich: «Ja, wenn Sie doch so gut Schweizerdeutsch sprechen, warum reden Sie dann mit dem Kind Italienisch?» Ich erkläre ihnen, dass ich italienischer Herkunft bin und dass die italienische Sprache meine Gefühlssprache sei, meine Erstsprache oder eben, wie man landläufig sagt, meine Muttersprache. Ihre Reaktion ahnte ich bereits. Sie fragen mich: «Ja, wird das Kind dann in der Schule keine Probleme haben?»

■   Aus dem Alltag einer zweisprachigen Familie: Ich fahre mit meiner Tochter Eleonora, sieben Jahre alt, von Zürich nach Lugano. Auch mit ihr spreche ich Italienisch. Ein älteres Ehepaar sitzt daneben und staunt, wie Eleonora zum Teil Italienisch und zum Teil Schweizerdeutsch spricht. Die leuchtenden Augen der Mitreisenden sind voller Bewunderung und sie loben Eleonoras Zweisprachigkeit: «Schön, dass sie mit zwei Sprachen aufwachsen kann.»

Zweisprachigkeit wird unterschiedlich wahrgenommen und bewertet. Die einen denken an den Schulerfolg – wohlgemerkt an einen monolingual deutschsprachigen Schulerfolg. Hätten Vater und Sohn im oben aufgeführten Beispiel Englisch und nicht Italienisch gesprochen, wäre die Reaktion der Großeltern möglicherweise anders ausgefallen. Englisch gilt als wichtige Sprache für den schulischen und vor allem wirtschaftlichen Erfolg eines Menschen.

Die anderen denken an das Zusammenleben, an die Zukunft, an die Möglichkeit mit Menschen aus zwei Sprachgemeinschaften unbeschränkt kommunizieren zu können, an die Chance, in zwei Sprachen und Kulturen heimisch zu sein. Sie sehen das enorme Sprachlernpotenzial: Mit relativ wenig Aufwand können weitere neolateinische Sprachen (Französisch, Spanisch, Portugiesisch usw.) und weitere germanische Sprachen (Dänisch, Norwegisch, Schwedisch) gelernt werden – ganz zu schweigen von Englisch, einer lateinisch-germanischen Mischsprache.

Dass zweisprachiges Aufwachsen nicht immer eine bedingungslose Zustimmung erfährt, hat auch Geschichte. Noch bis in die 60er-Jahre hinein wurde von Linguisten behauptet, dass mehrsprachig aufgewachsene Kinder benachteiligt seien. Wer mehrsprachig aufwachse, werde sich nie in einer Sprache zu Hause fühlen, so die damalige Schlussfolgerung. Seit den 70er-Jahren gibt es eine ganze Fülle von linguistischen Untersuchungen, die hingegen bestätigen, dass bei einer mehrsprachigen Erziehung mit keinerlei Benachteiligungen zu rechnen ist – eher das Gegenteil trifft zu. Was aber jahrzehntelang in der Wissenschaft und in der schulischen Bildung behauptet wurde, blieb lange haften, vor allem bei Personen, die ihr ganzes Leben monolingual und monokulturell erlebt und ihr Weltbild dementsprechend aufgebaut haben. Für sie entspricht es der Normalität, eine so genannte Muttersprache zu haben und diese auch gut zu beherrschen; alle anderen Sprachen sind Fremdsprachen. Dieses Weltbild entspricht auch weitgehend der Schulkultur im deutschsprachigen Raum. Zweisprachige Schulen sind nach wie vor selten.

So ist es nicht verwunderlich, dass heute immer noch Unsicherheiten bestehen in der Frage, ob und wenn ja, wie mehrsprachige Erziehung zu einer erfolgreichen Beherrschung von mehr als einer Sprache führen kann, ohne den schulischen Lernerfolg zu behindern. Diese Buch gibt Antworten auf die Fragen rund um die mehrsprachige Erziehung. Das erste Kapitel geht der Frage nach, was Mehrsprachigkeit überhaupt ist und wie Sprache und Identität zusammenhängen. Im zweiten Kapitel werden grundlegende Begriffe der Bilingualismusforschung erklärt: Was ist eine Erst-, was eine Zweit- oder Fremdsprache? Was ist unter der starken und schwachen Sprache zu verstehen? Welches sind häufige Sprachkonstellationen in Familien? Das dritte Kapitel vermittelt grundlegende Informationen zum Spracherwerb und schildert, wie Kinder eine oder eben auch mehrere Sprachen lernen. Im vierten Kapitel werden die wichtigsten

Sprachkompetenzen erklärt, die Voraussetzungen für eine gelungene mehrsprachige Erziehung und für den Schulerfolg sind. Das fünfte Kapitel wird ganz konkret. Hier sind Ratschläge und Hinweise für den Alltag der mehrsprachigen Erziehung zu lesen, hier finden Eltern Praxistipps, wie sie ihre mehrsprachigen Kinder optimal fördern können.

1 Eine Sprache – eine Kultur, zwei Sprachen – zwei Kulturen?

1.1 Wann sind Menschen zwei- oder mehrsprachig?

Auf die Frage im Titel haben namhafte Linguisten ganz unterschiedliche Antworten gegeben. Leonhard BLOOMFIELD (1887–1949) hat die wohl strengste Definition von Zweisprachigkeit formuliert. Zweisprachig sind für ihn Menschen, die in zwei Sprachen nicht als fremdsprachig wahrgenommen werden. Das heißt, sie beherrschen zwei Sprachen so gut wie vergleichbare einsprachige Menschen (Nativespeakers). Die Definition von Bloomfield geht demnach von der sprachlichen Kompetenz aus. Maßgebend ist, dass die zweisprachige Person in zwei Sprachgemeinschaften als Nativespeaker gelten kann.

Uriel WEINREICH (1926–1967) geht von einer funktionalen Definition von Zwei- oder Mehrsprachigkeit aus. Für ihn ist eine Person dann zweisprachig, wenn sie ihr tägliches Leben in mehr als einer Sprache erlebt. Diese Person braucht je nach Situation und Kommunikationspartner abwechselnd zwei oder mehr Sprachen. Die Definition von Weinreich geht von einem pragmatischen Ansatz aus. Nicht der Grad der Beherrschung der zwei Sprachen ist maßgebend, sondern der Stellenwert der zwei Sprachen im Leben eines Menschen.

Manche Linguisten sind sogar der Meinung, dass Menschen zweisprachig sind, sobald sie auch nur rudimentäre Kenntnisse einer zweiten Sprache besitzen. In diesem Fall sind praktisch alle Menschen mehrsprachig und die Unterscheidung zwischen Einsprachigkeit und Mehrsprachigkeit wäre überflüssig. Tatsächlich ist es schwierig – wenn nicht unmöglich – eine einheitliche Definition von Zweisprachigkeit zu finden.

Für die Belange der mehrsprachigen Erziehung scheint uns die Definition von Weinreich die angemessenste. Er geht davon aus, dass der tägliche Gebrauch von zwei oder mehr Sprachen ein wesentliches Merkmal für das Leben von mehrsprachigen Menschen ist, und wenn es Sinn macht, einsprachige von mehrsprachigen Menschen zu unterscheiden, dann sollte dieses Merkmal im Vordergrund stehen. Mit mehrsprachiger Erziehung meinen wir fortan den täglichen Gebrauch von zwei oder mehr Sprachen durch die Bezugspersonen eines Kindes. Somit ist der Stellenwert der vorhandenen Sprachen im Leben eines Kindes maßgebend und nicht der Grad der Sprachkompetenz.

✗ Tipp 1   Überlegen Sie, mit welchen Personen Sie täglich welche Sprache sprechen. Wenn Sie täglich mehr als eine Sprache sprechen, können Sie davon ausgehen, dass Sie zwei- oder mehrsprachig sind, egal wie gut Sie die eine oder die andere Sprache beherrschen. Eine ausgeglichene zweisprachige Erziehung setzt voraus, dass sich die Eltern bzw. die Bezugspersonen über die Funktionen der vorhandenen Sprachen im Klaren sind.

Auch in Fällen, in denen mehr als zwei Sprachen den Alltag prägen, greifen wir auf die oben genannte Definition zurück: Ein Mensch ist dann mehrsprachig, wenn er täglich im Kontakt mit Menschen lebt, die unterschiedliche Sprachen sprechen, und wenn er selber diese Sprachen benutzt.

Nun lassen sich viele verschiedene Situationen unterscheiden, in denen Zwei- oder Mehrsprachigkeit vorkommt.

1. Offensichtlich ist, dass die weltweite Migration Sprachen in Kontakt bringt. Menschen aus den unterschiedlichsten Regionen der Welt wandern in Regionen, in denen andere Sprachen gesprochen werden. Die so genannte erste Generation der Migrierten lernt in der Regel die Ortssprache und ist zeit ihres Lebens als fremdsprachige Gruppe wahrnehmbar. Die Kinder der Migrierten – die so genannte zweite Generation – wachsen bereits zweisprachig auf, mit einer Familiensprache und einer Umgebungssprache.

2. Migration führt zu so genannten Mischehen. Mischehen, zum Beispiel zwischen einer Schweizerin und einem Tunesier, können auch das Produkt einer Beziehung sein, die während eines Ferienaufenthaltes ihren Anfang nahm. Kinder aus solchen Mischehen wachsen in der Regel ebenfalls zweisprachig auf.

3. Zweisprachige Regionen sind eine Realität auf der ganzen Welt. Dabei können grob drei Typen unterschieden werden.
   – Innerhalb von vielen Nationalstaaten existieren Minderheitensprachen. So ist das rätoromanische Sprachgebiet in der Schweiz längst ein zweisprachiges Gebiet und alle Rätoromanen sind heutzutage zweisprachig. Sie sprechen eine Minderheitensprache, eines der fünf rätoromanischen Idiome, und müssen die Mehrheitssprache, das Deutsche, bis zu einem sehr hohen Kompetenzniveau lernen. Das Gleiche gilt auch für Basken in Spanien, für Südtiroler in Italien, für Gälisch Sprechende in Großbritanien oder für Kalmücken am Kaspischen Meer.
   – Zweisprachige Regionen ergeben sich an den Sprachgrenzen, wie zum Beispiel im Elsass oder in der Stadt Biel. In diesen Gegenden leben viele Personen zweisprachig im Kontakt mit dem Deutschen und dem Französischen.
   – Zweisprachige Regionen haben sich auch als Produkt der Kolonialisation ergeben. So lernen algerische und tunesische Kinder zunächst Arabisch und wenig später im Schulalter Französisch bis fast zum Native-Speaker-Niveau. Das Gleiche gilt für Maori in Neuseeland, für Indios in Peru, für die meisten Inder, Pakistani usw. Praktisch alle Länder mit früherer Kolonialherrschaft sind zwei- oder mehrsprachig.

4. Weltweit existieren zahlreiche zweisprachige Schulen. So gibt es amerikanische Schulen, japanische Schulen, deutsche Schulen oder auch Schweizer Schulen, die im Ausland eine zweisprachige schulische Bildung mit der jeweiligen Ortssprache und der Herkunftssprache der Schule für eine Elite anbieten. In der Schweizer Schule in Bogotà zum Beispiel können gut betuchte Kolumbianerfamilien ihre Kinder bilingual, spanisch-deutsch oder spanisch-französisch, schulisch bilden

lassen. In diesen Schulen wird ein Teil der Fächer in der einen, ein anderer Teil der Fächer in einer anderen Sprache unterrichtet. Schweizer Schulen im Ausland existieren seit über 70 Jahren. Für die Schulbehörden in der Schweiz gilt diese Form der sprachlichen Erziehung als noch sehr exotisch. Als Exportprodukt sind zweisprachige Schulen also durchaus ein empfehlenswertes Schulmodell, für den Gebrauch im Inland scheinen die Schweizerinnen und Schweizer dafür jedoch wenig Sympathie aufzubringen. Anders sind die Volksabstimmungen im Kanton Wallis (Frühling 2001) und im Kanton Fribourg (Herbst 2001) nicht zu verstehen. In beiden Kantonen wurde die Einführung zweisprachiger Schulen in der Volksabstimmung zurückgewiesen.

Wenn man die verschiedensten Situationen, in denen Menschen im täglichen Kontakt mit mehr als einer Sprache leben, zusammenzählt, kommt man bald zum Schluss, dass die Mehrheit der Weltbevölkerung eigentlich mehrsprachig ist. Zwei- und Mehrsprachigkeit ist demnach kein Sonderfall, sondern eher die Regel. Mehrsprachiges Aufwachsen kann allein schon aus diesem quantitativen Grund kein Nachteil sein.

Tipp 2   Denken Sie darüber nach, welche Umstände dazu führen, dass Ihr Kind mehrsprachig aufwächst. Je klarer Sie sich über diese Umstände sind, umso schneller wird auch Ihr Kind diese Umstände erkennen und akzeptieren lernen. Lehrpersonen könnten in der eigenen Klasse eine Art Soziogramm der Sprachen erstellen, auf dem alle Sprachen, mit denen die Kinder in Kontakt sind, dargestellt werden.

1.2   Sprachprestige

Auf der Welt existieren 3000 bis 6000 Sprachen, je nach Zählweise und Definition von Sprache. Wenn man eine durchschnittlich gebildete Person bittet, alle möglichen Sprachen aufzuzählen, dann käme sie wahrscheinlich auf einige Dutzend. Selbst wenn wir jeder Nation auf der Welt eine Sprache zuweisen würden, kämen wir nur auf 192. Tatsache ist, dass viele

Menschen auf der Welt mehrere Sprachen sprechen, von denen wir kaum etwas gehört haben.

Wenn nun ein Kind aus Armenien in die Deutschschweiz einreist und eingeschult wird, dann stellen sich Lehrpersonen und Schulbehörden verständlicherweise die Frage, wie dieses Kind so schnell wie möglich Deutsch lernen kann. Die Tatsache, dass dieses Kind dreisprachig ist und beispielsweise Armenisch, Georgisch und Russisch spricht, scheint belanglos zu sein. Diese drei Sprachen haben in unserem Bildungssystem wenig Gewicht und werden zum Teil gar nicht wahrgenommen. Anders ist es, wenn ein Kind aus den Vereingten Staaten oder aus Frankreich eingeschult wird. Die Kenntnis einer Schulfremdsprache wird dem Kind hoch angerechnet. Das Gleiche geschieht auch bei Erwachsenen. Englisch- oder Französischkenntnissen wird im Allgemeinen ein wirtschaftlich bedeutend höherer Wert beigemessen als solchen in Albanisch oder Arabisch. Selbstverständlich können in Firmen mit Handelsbeziehungen mit afrikanischen Staaten große afrikanische Verkehrssprachen wie Suahili oder Arabisch von Vorteil sein. Geschäfte laufen jedoch meist auf Englisch ab, so dass solche spezielle Sprachen höchstens ein Nice-to-have darstellen. Welchen interkulturellen Nutzen die Kenntnis einer Lokalsprache bringen kann, wird selten berücksichtigt.

Jugenderinnerungen des Autors Claudio Nodari: In Zürich war ich in der Schule ein Italienerknabe, der im Deutschen Schwierigkeiten hatte, weil zu Hause Italienisch gesprochen wurde. Der Lehrer in der Primarschule empfahl denn auch meiner Mutter, mit mir Deutsch zu sprechen, obschon sie nur ein gebrochenes Schweizerdeutsch sprach. Glücklicherweise tat sie es nicht. Als ich vierzehn war, zog meine Familie ins Tessin. Meine Italienischkenntnisse waren für die schulischen Anforderungen absolut ungenügend. Trotzdem wurde ich im Gymnasium aufgenommen mit dem Hinweis, dass ich ja Deutsch könne. In Zürich galten meine Italienischkenntnisse als Hindernis, in Lugano galten meine Deutschkenntnisse als Pluspunkt.

Sprachen haben offensichtlich ein Prestige, das weitgehend mit wirtschaftlichem Nutzen und kulturellem Gewicht zu tun hat. Wie hoch Zweisprachigkeit von der eigenen Umgebung geschätzt wird, hängt stark davon ab, welcher wirtschaftliche und kulturelle Wert den Sprachen zugewiesen wird. Außerdem hat die Sprache der Mehrheit und der wirtschaftlich Mächtigen einen höheren Stellenwert.

Diese Tatsache lässt sich auch in der aktuellen Schweizer Diskussion um das Englische als erster Fremdsprache beobachten. Englisch hat heute eindeutig das höhere Prestige als Französisch. Viele Deutschschweizer Eltern schicken ihre sechsjährigen Kinder in den privaten Englischunterricht und erhoffen sich dadurch, ihnen bessere Zukunftschancen im Sinn von wirtschaftlichen Vorteilen zu verschaffen. In der italienisch- und französischsprachigen Schweiz ist aber Deutsch wirtschaftlich gesehen genauso wichtig wie Englisch. Es ist deshalb verständlich, dass diese Regionen es den Deutschschweizer Kantonen übel nehmen, wenn statt einer Nationalsprache nun Englisch als erste Fremdsprache in den Schulen gelten soll. Vor allem in der italienisch- und romanischsprachigen Schweiz sind die Menschen gezwungen, mehr Sprachen zu lernen als anderswo. Hier sprechen alle Maturaabsolventen mindestens vier Sprachen (Italienisch, Französisch, Deutsch und Englisch). In der Deutschschweiz sind es mindestens drei Sprachen (Deutsch, Französisch und Englisch).

Sprachliche Minderheiten mit tieferem wirtschaftlichem Gewicht sind immer gezwungen, mehr Sprachen zu lernen als andere. Dies gilt auch für zweisprachig aufwachsende Kinder. Ihre Sprachlernleistungen werden im schulischen Alltag nur zaghaft gewürdigt, auch wenn ein unschätzbares Potenzial an Lernanlässen vorhanden wäre. Ein Unterrichtskonzept, das die vielfältigen Kenntnisse von mehrsprachigen Kindern schulisch zu nutzen versucht, heißt *Language Awareness* oder *Eveil au Language*.[4] Dieses Unterrichtskonzept wurde in Großbritannien entwickelt und zielt darauf ab, die Anwesenheit von verschiedenen Sprachen in der Klasse für kleine Spracherkundungen über die Schulsprache hinaus zu nutzen. Wörter, Sätze, Ausdrücke, Gesten und Rituale aus verschiedenen Sprachen werden miteinander verglichen, um Unterschiede oder Gemeinsamkeiten zu entdecken. Dazu ein Beispiel aus einem Sprachlehrmittel:[5]

Dies ist ein Schatz aus Gold und Diamanten

Du bist mein größter Schatz

Hallo, Schatz!

Sie spricht schon gut Deutsch. Sie hat einen großen Wortschatz.

Schaut die Bilder an und lest. Auf Deutsch braucht man viermal das Wort Schatz. Wie ist das in euren Sprachen? Was gibt es da für Wörter für die vier Situationen?

Durch solche oder ähnliche kleine Sprachvergleiche erkennen die Kinder schon sehr früh, dass Sprachen unterschiedlich funktionieren und dass sie nicht willkürlich sind, sondern das Resultat einer langen Entwicklung. In breit angelegten Untersuchungen wurde festgestellt, dass Kinder, die solche Vergleiche anstellen, bedeutend bessere Sprachleistungen erbringen als Kinder, die dazu nicht angeleitet wurden.[6]

Mit dem Konzept der *Language Awareness* werden im Grunde zwei pädagogische Ziele angestrebt: Einerseits werden die Kinder dazu angeregt, Sprache und ihre Funktionsweise bewusst wahrzunehmen. Andererseits hebt das Konzept das Sprachprestige aller Sprachen. Jede Sprache ist es wert, genauer angeschaut zu werden. In jeder Sprache gibt es Komisches und Überraschendes, Einfacheres und Schwierigeres.

Auch den Eltern und Betreuungspersonen von mehrsprachigen Kindern bieten sich viele Gelegenheiten, über Sprachliches zu reflektieren. Es sind oft die Kinder selbst, die Fragen über sprachliche Phänomene stellen. Sie erkennen auch bald einmal gleich tönende Wörter, die aber etwas anderes bedeuten («Kalb» bedeutet auf Türkisch «Herz»), oder sie entdecken Wörter, die in mehreren Sprachen vorkommen (Restaurant, Auto, Computer usw.). Solche Anlässe sind spracherzieherisch wertvolle Momente, die zu einem größeren Sprachbewusstsein führen. Zweisprachige Menschen sind denn auch früher fähig, die Willkürlichkeit von sprachlichen Elementen zu erkennen und zu akzeptieren. Aus diesem Grund sind sie in der Regel erfolgreicher im Lernen von Fremdsprachen. Neue Wörter oder ungewohnte sprachliche Formen und Strukturen werden schneller akzeptiert und gelernt, Strategien des Sprachvergleichs effizienter genutzt.

Das Konzept der *Language Awareness* stützt sich auf das entdeckende Moment als Motivationsfaktor. Dadurch, dass die Kinder selbst Regelmäßigkeiten, Unterschiede, Ähnlichkeiten zwischen Sprachen entdecken, wird die Wahrnehmungsfähigkeit in Bezug auf Sprachliches geschärft. In diesem Konzept machen sprachliche Übungen, Prüfungen und Noten keinen Sinn. Entdeckend sollen die Kinder die Faszination unterschiedlicher Sprachen erleben und die Großartigkeit jeder Sprache erkennen.

Tipp 3   Es ist allen Eltern und Lehrpersonen zu empfehlen, wann immer möglich mit den Kindern Spracherkundungen zu betreiben. Es genügen wenige Minuten, um ein bestimmtes sprachliches Element genauer anzuschauen und mit einer oder mehreren anderen Sprachen zu vergleichen. Voraussetzung ist jedoch, dass diese Sprachvergleiche spielerisch und ohne didaktische Zwänge wie Übungen, Prüfungen oder gar Benotung stattfinden. Der entdeckende Umgang mit Sprachen weckt die Wahrnehmung von Sprachlichem und baut Respekt für jede Sprache auf.

1.3   Sprache und Identität

Für jede Person sind die Sprachen, die sie spricht, Teil ihrer Identität. Dies gilt natürlich auch für Dialekte. Jeder Mensch fühlt sich in seiner so genannten Muttersprache zu Hause und auch mehrsprachige Menschen fühlen sich in ihren Sprachen heimisch. Die häufig gestellte Frage an Zweisprachige «Was bist du? Schweizerin oder Italienerin?» ist für die meisten

Menschen mit Migrationshintergrund schwierig zu beantworten, denn sie geht von einer Vorstellung von nationaler Zugehörigkeit aus, gemäß der ein Mensch normalerweise *eine Sprache* hat und *einer Nation* zugehört. Zweisprachige Menschen sind in der Regel bikulturell, das heißt sie fühlen sich gleichzeitig als Teil zweier sprachlicher und kultureller Gemeinschaften und sie stellen so etwas wie eine neue Dimension von kultureller Zugehörigkeit dar – sie sind kulturell und in einem gewissen Sinne auch sprachlich Sowohl-als-auch-Menschen. Wir Autoren dieses Buches verstehen uns als ursprüngliche Italiener, die in der Schweiz leben, und als Bürger von zwei Nationen. Vieles in uns ist schweizerischer als bei vielen Nur-Schweizern, und manches in uns ist italienischer als bei vielen Nur-Italienern.

Die Vorstellung, dass Menschen in der Regel monolingual sind und nur in Ausnahmefällen mehrsprachig aufwachsen, hat geschichtliche Wurzeln, die weit zurück liegen. Als sich im 19. Jahrhundert in Europa die National-staaten bildeten, hatten die Sprachen eine wichtige Funktion der Identifikation mit der neugeborenen Nation. Einzelne Königreiche wie zum Beispiel Spanien, Frankreich oder England hatten bereits ihre *National-sprachen*, die vor allem durch königliche Institutionen definiert und gepflegt wurden. So gibt es in Spanien seit dem 16. Jahrhundert die *Academia Real de la Lengua*, die sich um die Reinheit der spanischen Sprache (das heißt der kastilianischen Sprache) kümmert. Ebenso gibt es in Frankreich die *Académie Française de la Langue*, die sich für eine Homogenisierung der Sprache nach dem Vorbild der Sprache in Paris konzentriert.

Die meisten europäischen Staaten definierten sich abgesehen von ihrer Verfassung über die Nationalsprache. In Italien, das bis zur Bildung des Nationalstaates in kleinere Königreiche, Grafschaften oder durch Österreich beherrschte Gebiete zersplittert war, hatte sich keine Institution um eine italienische Einheitssprache gekümmert. Es war der Mailänder Literat und Staatsmann Alessandro MANZONI, der mit seinem Roman *I promessi sposi* den Maßstab für die moderne italienische Hochsprache setzte. Manzoni, der wie zum Beispiel Giuseppe VERDI vor allem den lombardischen Dialekt Mailands sprach, wählte als sprachliche Grundlage für seinen Roman den florentinischen Dialekt – die Sprache, in der die drei großen italienischen Autoren der frühen Renaissance DANTE, PETRARCA und BOCCACCIO ihre Werke geschrieben hatten. Für das Volk war die sprachliche Vereinigung Italiens alles andere als einfach, denn sie verlief praktisch ausschließlich über die schulische Bildung.

Die Schweiz war 1848 bei der Bildung des Bundesstaates eine Ausnahme in der Sprachenfrage. Um diese Ausnahme zu betonen, spricht man heute noch vom *Willensstaat Schweiz*. In der Schweiz übernimmt nicht die Sprache die integrative Funktion, sondern der Wille der deutsch-, französisch-, italienisch- und rätoromanischsprachigen Regionen, einen Staat zu bilden. Aber auch in der Schweiz musste das Rätoromanische lange warten, bis es 1993 in den Rang einer Amtssprache erhoben wurde.

Auch heute noch verläuft die Identifikation von nationaler Zugehörigkeit über die Sprache, und dieses Bild ist tief verankert. Für die meisten Menschen gilt als unbestritten, dass in Spanien Spanisch gesprochen wird. Dass mit Spanisch eigentlich Kastilisch gemeint ist und dass es in Spanien auch Katalanisch, Baskisch und Galizisch gibt, ist vielen Menschen in Europa nicht bewusst. Bei der Gründung der Nationalstaaten und während den faschistischen Diktaturen waren Minderheitensprachen teils verboten oder höchstens toleriert. In Europa wurde Mehrsprachigkeit in den vergangenen 200 Jahren weitgehend als suspekt beurteilt, denn es entsprach nicht dem liberalen Ideal von *einem Vaterland – einer Muttersprache*. Diese Vorstellungen ändern sich erst heute langsam.

Durch die zunehmende Migration und durch die schrittweise Verschmelzung der europäischen Staaten in der Europäischen Union wird sich die Vorstellung *ein Mensch = eine Sprache = eine Nation = eine Kultur* als Normalfall aufheben. Europa wird – so wie es viele Teile der Welt schon lange sind – zunehmend multikulturell, die Menschen entwickeln neue kulturelle Identitäten, die mit den Staats- und Sprachgrenzen nichts mehr zu tun haben. Diese Tendenz sehen wir als Chance und als eine positive Entwicklung hin zum friedlichen Zusammenleben von Menschen unterschiedlicher Herkunft.[7]

2 Erstsprache, Zweitsprache – starke Sprache, schwache Sprache

2.1 Erst-, Zweit- und Fremdsprache

Die *Erstsprache* ist die erste Sprache, die ein Kind von Geburt an hört und lernt. Die Erstsprache kann ein Dialekt und/oder eine Hochsprache sein. Sie ist die Sprache der ersten Sozialisation, das heißt, das Kind kommuniziert in dieser ersten Sprache zunächst mit den wichtigsten Bezugspersonen, meist Eltern und Geschwistern. Die Erstsprache ist somit die Sprache der unmittelbaren Bezugspersonen und wird landläufig auch als Muttersprache bezeichnet, obschon auch der Vater und die Geschwister mit dem Kleinkind diese Sprache sprechen. Es handelt sich dabei um die wichtigste Beziehungssprache, denn es ist die Sprache, in der die Liebe von den Eltern, Geschwistern und von anderen Bezugspersonen erlebt wird. In der Erstsprache lernt das Kind nicht nur die Menschen um sich herum kennen, es lernt auch die ganze Welt durch Spielen und Handeln zusammen mit den Bezugspersonen kennen. Alles, was ein Kind in der ersten Sozialisation lernt, wird im Kontext der Erstsprache erworben. Die Erstsprache ist insofern auch die erste Lernsprache.

Zweisprachig aufwachsende Kinder erleben mit wichtigen Bezugspersonen (zum Beispiel Vater und Mutter, aber auch Großeltern oder Tagesmutter) *zwei Erstsprachen*. Kinder können aber auch dreisprachig aufwachsen, wenn zum Beispiel neben den Eltern ein Kindermädchen eine dritte Sprache mit dem Kind spricht. Aus diesem Grund sprechen wir von mehrsprachigen Kindern und meinen damit zwei-, drei- oder gar viersprachige Kinder. Das mehrsprachige Kind hat im Prinzip mehr als eine Sozialisationssprache, mehr als eine Beziehungssprache, mehr als eine Lernsprache. Das erfordert vom Kind eine sehr große Lernleistung.

Menschen sind aber fähig, von Geburt an mehr als eine Sprache zu lernen (siehe dazu Seiten 39 ff.). Wie stark sich die einzelnen Sprachen entwickeln, hängt im Wesentlichen von der Intensität der sprachlichen Kontakte mit dem Kind ab (siehe dazu Seite 60 ff.).

Die *Zweitsprache* ist eine Sprache, die neu gelernt wird, nachdem eine oder mehrere Erstsprachen weitgehend erworben wurden. Die Zweitsprache ist die Sprache der Umgebung, sie kann ein Dialekt oder eine Hochsprache sein. Wird in der Familie zum Beispiel Spanisch und Katalanisch und in der Umgebung Deutsch gesprochen, so lernt das neugeborene Kind Spanisch und Katalanisch als erste Sozialisationssprachen und Deutsch als zweite Sozialisationssprache. Die Zweitsprache Deutsch erlernt das fremdsprachige Kind durch außerfamiliäre Kontakte, meist im Alter zwischen drei und fünf Jahren. Je früher der Kontakt mit der Zweitsprache erfolgt, umso einfacher lernen die Kinder sie. In der Kindertagesstätte, Spielgruppe oder im Kindergarten kommt das Kind in Kontakt mit Menschen, die eine andere Sprache als ihre Bezugspersonen in der Familie sprechen. Das Kind lernt dadurch nicht nur die neue Sprache, es lernt auch neue Gegenstände, Umstände, Handlungen kennen, die es zu Hause unter Umständen nicht gibt (zum Beispiel eine Wandtafel, in die Reihe stehen). Die Zweitsprache ist damit auch eine Lernsprache. Sie wird mit der Zeit zu einer Beziehungssprache, denn die Beziehungen zu wichtigen Bezugspersonen in der Umgebung werden in ihr aufgebaut.

Zweitsprachen ergeben sich auch dann, wenn eine erwachsene Person in ein anderes Sprachgebiet zieht. In der neuen Ortssprache lernt diese Person viele neue Sachverhalte und die dazu gehörenden Begriffe kennen (zum Beispiel wie die Steuern oder Versicherungen funktionieren, welche speziellen Gesetze und Regeln gelten, welche Gewohnheiten die Menschen am neuen Ort haben). Und selbstverständlich muss sich diese Person auch in der Umgebung sozialisieren, will sie nicht in einem Ghetto-ähnlichen Zustand unter ihresgleichen leben. Bei der Migration von bildungsfernen Familien kommt es nicht selten vor, dass vor allem Frauen, die keiner beruflichen Tätigkeit nachgehen, die Zweitsprache nicht erwerben und so die sozialen Kontakte nur innerhalb der gleichsprachigen Migrationsgemeinschaft gestalten können. Zu einer anderen Art der Ghettoisierung kommt es oft auch bei der Kadermigration, wenn deren Angehörige (zum

Beispiel Diplomaten oder Manager) in einem nicht englischsprachigen Land tätig sind. Sie verkehren nur mit Personen, die Englisch können. Da Kaderleute überall auf der Welt Englisch sprechen, wird diese Sprache für Kaderleute oder Wissenschaftler, die eine andere Erstsprache als Englisch haben, zur Zweitsprache.

Fremdsprachen sind Sprachen, die in der Regel schulisch gelernt werden. Eine Fremdsprache ist immer eine Hochsprache und eine neu zu erlernende Sprache. Fremdsprachen werden gleichsam auf Vorrat gelernt, für den Fall, dass man diese Sprache irgendwann brauchen muss. Im Unterricht bzw. während des Erwerbsprozesses einer Fremdsprache müssen sich die Lernenden in dieser Sprache nicht sozialisieren, insofern ist sie nie eine Sozialisationssprache. Fremdsprachen sind auch begrenzt Lernsprachen, denn im fremdsprachlichen Unterricht sind die Lerninhalte meist sprachbezogen (Wortschatz, Grammatik). Im Französischunterricht in der Schule lernen die Schülerinnen und Schüler zwar vieles über die französischsprachige Schweiz und über Frankreich, im Mittelpunkt des Französischunterrichts steht aber die französische Sprache. Dass es berühmte französische Literaten gibt, in Paris der Eiffelturm steht und Genf eine internationale Stadt ist, sind Wissensbestände, die zum allgemeinen Weltwissen gehören. Fremdsprachen sind in der Regel keine Beziehungssprachen, wenn man von der Beziehung zu den Lehrpersonen absieht.

Eine Fremdsprache kann zu einer Zweitsprache werden, wenn die Person ins Zielsprachenland zieht. Viele Kaderleute oder Wissenschaftler, die sich nicht nur auf das Englische beschränken wollen, lernen die Grundlagen der Sprache des zukünftigen Arbeitsortes im Voraus. Sie lernen also eine Fremdsprache. Sobald sie am Arbeitsort sind und die Sprache des Ortes täglich brauchen, wird sie zur Zweitsprache. Und sie wird wieder zur Fremdsprache, wenn der Mensch in eine andere Sprachregion zieht und diese Sprache nicht mehr täglich braucht.

Wenn wir nun die Definition von Zweisprachigkeit aus Kapitel 1 zu Hilfe nehmen, dann sind Menschen zweisprachig, wenn sie entweder zwei Erstsprachen oder eine Erst- und eine Zweitsprache haben. Fremdsprachenkenntnisse, auch wenn sie noch so ausgebildet sind, führen nicht zu Zweisprachigkeit.

Tipp 4 — Überlegen Sie, welche Sprachen für Sie Erst-, Zweit- oder Fremdsprachen sind. Welche Sprache würden Sie als ihre Beziehungssprache bezeichnen? Entscheiden Sie sich bei der zweisprachigen Erziehung wenn möglich für die in der Familie anwesenden Beziehungssprachen und versuchen Sie, Ihren Kindern einen intensiven Kontakt zu allen Beziehungssprachen zu ermöglichen.

Fallbeispiel 1 — ■ Beschreibung: Die Mutter ist Türkin und lebt seit dem vierten Lebensjahr in Deutschland. Ihre Erstsprache ist Türkisch und ihre Zweitsprache Deutsch, beide Sprachen sind gut entwickelt. Der Vater ist Türke, lebt seit sechs Jahren in Deutschland und spricht wenig Deutsch. Die Eltern entscheiden, ihr Kind auf Türkisch zu erziehen. Im vierten Lebensjahr des Kindes tauchen bei der Mutter Zweifel auf. Die Eltern haben Angst, dass das Kind mit dem Eintritt in die Spielgruppe oder in den Kindergarten Probleme haben könnte. Die Mutter beginnt deshalb, fortan mit dem Kind vermehrt Deutsch zu sprechen. Beim Eintritt in den Kindergarten hat das Kind keine größeren Probleme, auch der Übertritt in die Grundschule verläuft problemlos. Beim zweiten Kind, das vier Jahre nach dem ersten auf die Welt kommt, spricht die Mutter vermehrt Deutsch. Zwischen Mutter und Kindern wird das Deutsche zunehmend zur Umgangssprache, in Anwesenheit des Vaters wird gemischt Türkisch-Deutsch gesprochen. Im Alter von zwölf bzw. acht Jahren sprechen die Kinder relativ wenig und eher schlecht Türkisch. Das Deutsche ist bei beiden Kindern altersgemäß entwickelt und eindeutig die starke Sprache.

■ Interpretation: Die Eltern handeln bei der Geburt des ersten Kindes gefühlsmäßig richtig. Beide Elternteile benützen ihre Erstsprache und es ist anzunehmen, dass auch für die Mutter das Türkische die Beziehungssprache ist. Nach drei Jahren treten bei den Eltern Verunsicherungen auf. Wahrscheinlich wurden die Eltern nicht nur durch den bevorstehenden Kindergarteneintritt, sondern auch durch falsche Ratschläge verunsichert.

■ Schlussfolgerung: Es ist absolut normal, dass in dieser Situation Türkisch zur schwachen Sprache wird. Mit den sprachlichen Voraussetzungen der Eltern könnte das Türkische aber stärker entwickelt sein. Zur Stärkung des Türkischen müssten die Eltern auf zwei Ebenen intervenieren:

1. Sie müssten erkennen, dass das Türkische als identitätsstiftende Sprache wichtig für die Kinder und für die Familie ist.

2. Sie sollten unter anderem Reisen ins Heimatland unternehmen, Beziehungen zu türkischsprachigen Familien pflegen, das Türkische in der Familie (Geschichten erzählen, von der eigenen Jugend erzählen usw.) vermehrt brauchen. Es ist wichtig, dass die rudimentären Türkischkenntnisse kontinuierlich im Kontakt mit Türkischsprechenden aktiviert werden.

2.2   Starke Sprache – schwache Sprache

Es ist ein Trugschluss zu glauben, dass mehrsprachige Menschen alle Sprachen stets gleich gut können. In der Regel ist es so, dass die eine Sprache stärker ausgebildet ist als die andere. Je nach Lebensumständen können starke Sprachen zu schwachen werden und schwache Sprachen zu starken. Nehmen wir als Beispiel eine Familie in Deutschland, in welcher der Vater Deutsch und die Mutter Französisch spricht. Nehmen wir auch an, dass die Familie praktisch keine Kontakte zu den Verwandten vaterseits pflegt. Die Mutter übernimmt tagsüber die traditionelle Rolle der erziehenden Person, während der Vater arbeitet und nur in der spärlichen Freizeit mit dem Kind zusammen ist. Von Geburt an hört das Kind vor allem Französisch von der Mutter und zeitweise Deutsch vom Vater. Es ist sehr wahrscheinlich, dass sich Französisch in den ersten Jahren stark entwickelt, während Deutsch die schwächere Sprache bleibt. Das Kind versteht Deutsch, wird aber seine ersten Wörter und Ausdrücke wahrscheinlich auf Französisch bilden. Zwischen Mutter und Kind entwickelt sich eine starke Beziehung, die auf Französisch gestaltet wird. Mit dem Eintritt des Kindes im Alter von etwa vier Jahren in eine Spielgruppe oder in einen Kindergarten erlebt das Kind weitere Personen, die Deutsch sprechen. Ab diesem Zeitpunkt entwickelt sich die schwache Sprache schneller und die französische Sprache verlangsamt ihren Ausbau. Mit dem Eintritt in die Schule wird sich die deutsche Sprache zur starken Sprache entwickelt haben, während Französisch zur schwachen Sprache wird.

Starke Sprachen können auch nur zeitweise zu schwachen Sprachen werden. Wenn wir das obige Beispiel weiter spinnen, könnte es sein, dass die Familie ihre Sommerferien jeweils in Frankreich bei den Verwandten der Mutter verbringt. Es genügen wenige Wochen, vor allem im Kontakt mit französischsprachigen Kindern (zum Beispiel gleichaltrige Cousinen und Cousins), und die starke Sprache Deutsch wird zur schwachen Sprache. Viele Lehrpersonen insbesondere der ersten Grundschulklassen kennen dieses Phänomen. Aus den Ferien zurück, scheinen viele fremdsprachige Kinder die deutsche Sprache vergessen zu haben.

Auch eine gut entwickelte Erstsprache kann zu einer schwachen Sprache werden. Das geschieht zum Beispiel bei längeren Auslandaufenthalten von Erwachsenen. Nach einigen Jahren, in denen sie ausschließlich die Zweitsprache gesprochen haben, kehren sie in ihre Heimat zurück und haben das Gefühl, ihre Erstsprache vergessen zu haben.

Tipp 5   Lassen Sie sich nicht verunsichern, wenn sich Ihr Kind zeitweise in der einen oder anderen Sprache besser ausdrücken kann. Informieren Sie die Lehrperson Ihres Kindes, falls Sie einen längeren Aufenthalt im Sprachgebiet der Erstsprache planen. Die Lehrperson soll wissen, dass Ihr Kind nach den Ferien in der Unterrichtssprache möglicherweise nicht mehr auf dem gleichen Niveau wie vor den Ferien sein wird. Dafür wird es aber die Erstsprache stark gefestigt haben, was für die mehrsprachige Entwicklung sehr wichtig ist.

2.3   Sprachkonstellationen in Familien

Die verschiedenen Beispiele in diesem Buch und die Sprachbiographien mehrsprachiger Familien bestätigen, dass Sprachkonstellationen in Familien sehr vielfältig sein können. Da die Bezugspersonen von Kleinkindern in der Regel je nur eine Sprache vermitteln bzw. verkörpern können (siehe dazu Seite 58), ist die Anzahl der Sprachen, mit denen ein Kleinkind in Kontakt kommt, auf die Anzahl der möglichen Bezugspersonen begrenzt. In den folgenden Unterkapiteln werden einige häufige Sprachkonstellationen im Hinblick auf ihre Vor- und Nachteile besprochen. Selbstverständlich existieren auch komplexere Konstellationen, die aber als Ausnahmen gelten können. Die in den Tabellen angegebenen Sprachen sind Beispiele. Die Umgebungssprache Deutsch gilt sowohl für Regionen des deutschsprachigen Raumes, in denen vorwiegend Hochdeutsch gesprochen wird, als auch für Sprachregionen mit Diglossiesituation, das heißt wo vorwiegend Dialekt gesprochen und Hochsprache geschrieben wird (deutschsprachige Schweiz).

Zweisprachig aufwachsen

	Mutter	Vater	Umgebungssprache
Sprache 1	Italienisch	Italienisch	
Sprache 2			Deutsch

Tabelle 1

Eine der häufigsten Sprachkonstellationen ist dadurch gegeben, dass die Eltern eine andere Sprache sprechen als in der Umgebung gesprochen wird. Das Kind erfährt damit zum Beispiel die Erstsprache Italienisch in den ersten Lebensjahren als Beziehungs-, Lern- und Sozialisationssprache. Mit dem Eintritt des Kindes in eine Spielgruppe oder in eine Kinderkrippe kommt das Kind in Kontakt mit der Zweitsprache. Dies kann zwischen dem zweiten und dem vierten Lebensjahr geschehen. Bis zum Alter von etwa sechs Jahren, also bis zum Schuleintritt, ist bei dieser Konstellation Italienisch die starke Sprache. Mit dem Eintritt in die Schule und dem Erwerb des Lesens und des Schreibens entwickelt sich Deutsch zunehmend zur starken Sprache, während Italienisch im Laufe der Schulzeit zur schwachen Sprache wird. Damit sich nun das Italienische weiter entwickeln kann, ist es notwendig, dass die Eltern so konsequent wie möglich ihre Erstsprache mit dem Kind sprechen, Geschichten auf Italienisch vorlesen und dem Kind angenehme Beziehungen zu italienischsprachigen Personen ermöglichen (zum Beispiel durch Reisen ins Heimatland, Kontakte mit Großeltern, Verwandten und Bekannten, Kontakte mit italienischsprechenden Kindern). Nachdem das Kind gelernt hat, in der Zweitsprache zu lesen und zu schreiben, also im Alter von neun bis zehn Jahren, kann das Italienische zusätzlich durch eine behutsame Annäherung an das Geschriebene unterstützt werden. Am einfachsten geschieht diese Annäherung durch Glückwunschkarten für Großeltern oder Verwandte. Später können SMS und kleine Briefe dazukommen. Diese Annäherung sollte aber immer von realen Schreibanlässen ausgehen und auf keinen Fall durch schulmeisterliche Maßnahmen seitens der Eltern. Falls der Besuch eines Kurses für heimatliche Sprache und Kultur (HSK) möglich ist, wird die Einführung des Schriftlichen über den schulischen Unterricht gewährleistet. Wesentlich ist, dass die Eltern keine Lehrerrolle übernehmen, sondern stets authentische Situationen für die sprachliche Förderung nutzen.

	Mutter	Vater	Umgebungs-sprache	Dritte Erziehungs-person
Sprache 1	Italienisch	Italienisch		
Sprache 2			Deutsch	Deutsch

Tabelle 2

Bei vielen erwerbstätigen Eltern werden die Kinder im Alter von 3 bis 24 Monaten in Kinderkrippen von Drittpersonen betreut. In einer deutschsprachigen Umgebung ist die Wahrscheinlichkeit sehr groß, dass diese Erziehungspersonen ebenfalls Deutsch sprechen. In diesem Falle ist es für eine ausgeglichene zweisprachige Erziehung umso wichtiger, dass das Kind Italienisch mit den Eltern und mit anderen Bezugspersonen erfährt – vor allem auch in den Ferien. Bei einer solchen Konstellation besteht in der Tat die Möglichkeit, dass Deutsch vom Kleinkindalter an zur starken Sprache wird und Italienisch zwar verstanden, aber fast nicht gesprochen wird. Das Resultat wäre im Extremfall, dass italienischsprechende Eltern Kinder haben, die ausschließlich Deutsch sprechen. In diesen Fällen ist der Besuch von HSK-Kursen umso ratsamer.

	Mutter	Vater	Umgebungssprache
Sprache 1	Portugiesisch		
Sprache 2		Deutsch	Deutsch

Tabelle 3

In dieser ebenfalls sehr häufig anzutreffenden Sprachkonstellation spricht die Mutter eine andere Sprache als der Vater und die Umgebung. Hier wird davon ausgegangen, dass die Mutter einsprachig ist, das heißt nur Portugiesisch mit der Kompetenz eines Nativespeakers spricht. Die Mutter wird also ihre Sprache mit dem Kind sprechen. In dieser Sprachkonstellation wird die Beziehungssprache zwischen den Eltern sehr wichtig.

Ist die Familiensprache Deutsch, dann hat die Sprache der Mutter eine relativ schwache Position, vor allem wenn sie von wenigen oder keinen anderen Personen im Umkreis des Kindes gesprochen wird. Für eine ausgeglichene Zweisprachigkeit ist es umso wichtiger, dass die Mutter sich ihrer Sprache bewusst ist und beide Eltern sich entschieden haben, dass das Kind zweisprachig aufwächst. Insbesondere bei Sprachen, die im deutschen Sprachraum kein sehr großes Sprachprestige haben, besteht die Gefahr, dass die Mutter ihre Sprache dem Kind nur rudimentär vermittelt. In diesem Fall ist es sehr wichtig, dass beide Eltern sich zur Sprache der Mutter bekennen. Selbstverständlich sprechen beide Elternteile je ihre Sprachen, jedoch setzt sich auch der Vater dafür ein, dass Kontakte mit Personen, die die Sprache der Mutter sprechen, gesucht und gepflegt werden. Auch in diesem Fall sind Reisen ins Herkunftsland der Mutter und, falls das Angebot besteht, der Besuch von HSK-Kursen angezeigt.

Ist die Beziehungssprache zwischen den Eltern die Sprache der Mutter, dann ist das für die zweisprachige Erziehung des Kindes von Vorteil. Obschon der Vater diese Sprache vielleicht nicht perfekt und mit einem starken Akzent spricht, spielt dies für die bilinguale Entwicklung des Kindes keine Rolle. Der Vater spricht in der direkten Kommunikation mit dem Kleinkind von Geburt an Deutsch, während die Mutter Portugiesisch spricht. In Kommunikationssituationen zu dritt, die erst im Alter von zwei bis drei Jahren beginnen, hört das Kind zwar auch den Vater etwas auf

Portugiesisch sagen, das Kind wird dies jedoch nicht unbedingt als Portugiesisch wahrnehmen. Das zeigt sich unter anderem im folgenden häufig anzutreffenden Gesprächsablauf: Eltern und Kind spielen zusammen; das Kind sagt der Mutter etwas auf Portugiesisch; das Kind schaut den Vater an und wiederholt das Gleiche auf Deutsch für den Vater. Dieser typische Ablauf zeigt, dass das Kind den Vater als deutschsprachig wahrnimmt, obschon er eigentlich das Portugiesische versteht und auch spricht.

Ist die Beziehungssprache zwischen den Eltern eine Drittsprache (zum Beispiel Englisch), die beide Elternteile nicht mit erstsprachlicher Kompetenz beherrschen, wird die Situation etwas komplexer. Festzuhalten ist auch in diesem Fall, dass jeder Elternteil von Geburt an seine Sprache sprechen sollte. In den ersten zwei bis drei Lebensjahren hat die Beziehungssprache zwischen den Eltern keine große Bedeutung. Was und wie die Eltern zusammen sprechen, hat noch kaum Einfluss auf die Sprachentwicklung des Kindes. In gemeinsamen Situationen sprechen Mutter und Vater mit dem Kind je die eigene Sprache. Von Vorteil ist es natürlich, wenn die Eltern die Sprache des Partners bzw. der Partnerin wenigstens rudimentär verstehen, und es ist im Interesse der ganzen Familie dringend zu empfehlen, dass Mutter und Vater die Sprache des Partners bzw. der Partnerin auch lernen. Ab drei bis vier Jahren merkt das Kind, dass die Eltern zusammen eine andere Sprache sprechen, und diese Sprache könnte auch gleichsam als Geheimsprache wahrgenommen werden. Um mögliche Verwirrungen beim Kind zu vermeiden, wäre es sinnvoll, den Kontakt zu anderen Bezugspersonen zu suchen, die die Beziehungssprache der Eltern als Erstsprache sprechen. Bei Englisch als Beziehungssprache der Eltern könnte so ein Kontakt zu einer englischsprachigen Familie oder Umgebung oder Spielgruppe gesucht werden. Das Kind würde so die drei vorhandenen Sprachen deutlich unterschiedlichen Personen und Situationen zuordnen können.

	Mutter	Vater	Umgebungssprache
Sprache 1	Deutsch		Deutsch
Sprache 2		Spanisch	

Tabelle 4

Was die Beziehungssprache der Eltern anbelangt, gilt hier das Gleiche wie oben. Erschwerend kommt dazu, dass die Sprache des Vaters in dieser Sprachkonstellation gar nicht oder nur rudimentär vermittelt wird. In der klassischen Rollenverteilung, in der die Mutter die Erziehungsarbeit tagsüber übernimmt und der Vater nur am Abend bzw. am Wochenende anwesend ist, entstehen schnell Zweifel darüber, wie sinnvoll die Vermittlung der Vatersprache ist. Insbesondere bei Vätern, die die Umgebungssprache gut sprechen, und in Fällen, in denen die Beziehungssprache zwischen Vater und Mutter ebenfalls Deutsch ist, kommt es oft vor, dass die Sprache des Vaters gemieden wird. In den meisten Fällen entwickeln sich die Kinder monolingual Deutsch mit dem Bewusstsein, dass sie einen spanischen Vater und einen spanischen Familiennamen tragen. Im Alter von sechzehn bis zwanzig Jahren kommt es dann häufig vor, dass diese Kinder sich bei den Eltern darüber beklagen, dass sie ihnen die Sprache des Vaters nicht vermittelt haben. Insbesondere in Mittel- und Nordeuropa sowie in den Vereinigten Staaten gibt es sehr viele monolinguale Menschen mit einem südeuropäischen Namen. Oft handelt es sich um verpasste Chancen seitens der Eltern; viele dieser Kinder besuchen später Kurse in der Sprache ihrer Väter und versuchen so, die verpasste Chance wieder aufzuholen. Wie die Sprache des Vaters trotz der schwierigen Ausgangslage vermittelt werden kann, zeigt das Fallbeispiel 2.

■ Beschreibung: Der Vater ist Peruaner, die Mutter ist Deutsche und sie leben in   Fallbeispiel 2
Basel. Der Vater hat an einer deutschsprachigen Hochschule studiert und spricht
daher ein sehr gutes Deutsch. Die Mutter spricht Hochdeutsch mit den Kindern,
während der Vater konsequent Spanisch mit ihnen spricht. Die Familiensprache

ist Hochdeutsch. Der Vater widmet seine Freizeit weitgehend den Kindern, so dass sie Spanisch gut lernen. Durch Reisen nach Peru haben die Kinder zusätzliche Möglichkeiten, Spanisch zu sprechen. Die starke Sprache der Kinder ist Deutsch, Spanisch ist eindeutig die schwache Sprache.

■ Interpretation: Obschon Väter, die tagsüber nicht zu Hause sind, wenig Chancen haben, den Kindern ihre Erstsprache zu vermitteln, zeigt dieses Beispiel, dass die Vermittlung der Vatersprache möglich ist. Voraussetzung ist jedoch, dass sich der Vater Zeit für die Kinder nimmt.

■ Schlussfolgerung: Spanisch ist eindeutig die schwache Sprache. Die Kinder haben aber eine gute Basis und sie können ihre Spanischkenntnisse zu einem späteren Zeitpunkt ohne große Mühe bis zur Nativespeaker-Kompetenz entwickeln.

	Mutter	Vater	Umgebungs-sprache	Dritte Erziehungs-person
Sprache 1	Deutsch	Deutsch	Deutsch	
Sprache 2				Spanisch

Tabelle 5

Kindermädchen oder Tagesmütter, die eine andere Sprache sprechen, können dazu beitragen, dass Kinder zweisprachig aufwachsen. Dazu könnte man auch den Besuch einer zweisprachigen Kinderkrippe oder eines zweisprachigen Kindergartens zählen. In diesen Fällen sind beide Eltern erwerbstätig und die dritte Erziehungsperson erfüllt eine starke Sozialisationsfunktion. Wesentlich bei dieser Sprachkonstellation ist, dass sich die Eltern der Tatsache bewusst sind, dass das Kind durch die Fremdbetreuung eine zweite Erstsprache und im Falle eines zweisprachigen Kindergartens eine Zweitsprache lernen. Die Wahl der Betreuungsperson mit einer anderen Erziehungssprache und der Entscheid, das Kind eine zweisprachige Institution besuchen zu lassen, muss von den Eltern gut überlegt werden, wobei insbesondere die Frage der Kontinuität eine große Rolle spielt. Eine Notlösung oder die provisorische Wahl einer Person oder Institution mit anderer Erziehungssprache sollte – wenn immer möglich – im Interesse des Kindes vermieden werden. Ob das Kind tatsächlich zweisprachig wird, hängt von der Dauer der Betreuung durch die dritte Erziehungsperson bzw. Institution und von der Qualität des Sprachkontaktes ab. Wird in der in Tabelle 5 angeführten Sprachkonstellation der Kontakt zum Spanischen im Alter von vier bis sechs Jahren abgebrochen bzw. verändert, zum Beispiel durch den Eintritt in eine Tagesschule, in der ausschließlich Deutsch gesprochen wird, dann wird das Kind das Spanische weitgehend vergessen.

Drei- oder viersprachig aufwachsen

	Mutter	Vater	Umgebungssprache
Sprache 1	Spanisch		
Sprache 2		Englisch	
Sprache 3			Deutsch

Tabelle 6

Kinder sind fähig, auch drei- oder viersprachig aufzuwachsen. Die Erstsprachen Spanisch oder Englisch im Beispiel von Tabelle 6 entwickeln sich je nach Intensität der Beziehung der Eltern zum Kind. Spanisch und Englisch könnten sich bei einer klassischen Rollenverteilung der Eltern in der Erziehungsarbeit nur ausgeglichen entwickeln, wenn der Vater das Englische bewusst pflegt oder wenn Englisch auch die Beziehungssprache der Eltern ist. Auch hier sind Reisen in die Heimatländer und Kontakte zu spanisch- und englischsprachigen Personen wichtig. Allerdings dürfen es nicht beliebig viele Personen sein, sondern einige wenige, die oft besucht werden. Die Zweitsprache Deutsch entwickelt sich durch den Besuch einer Kindertagesstätte oder den Eintritt in den Kindergarten. Erfahrungsgemäß wird sich die Umgebungssprache zur starken Sprache entwickeln, während das Spanische und möglicherweise auch das Englische zu schwachen Sprachen werden.

	Mutter	Vater	Umgebungs-sprache	Dritte Erziehungs-person
Sprache 1	Englisch			
Sprache 2		Italienisch		
Sprache 3			Deutsch	
Sprache 4				Spanisch

Tabelle 7

Kinder können auch viersprachig aufwachsen. Die Voraussetzung dazu ist, dass drei Bezugspersonen von Geburt an drei verschiedene Sprachen verkörpern. Durch das Vorhandensein einer dritten Erziehungsperson (das könnte zum Beispiel die Großmutter sein, wenn die Mutter in Amerika mit einer spanischsprachigen Mutter aufgewachsen ist und wenig Spanisch gelernt hat) kann auch eine dritte Sprache von Geburt an vorhanden sein. Auch in dieser Sprachkonstellation ist es möglich, dass das Italienische während der Schulzeit zur schwachen Sprache wird, während Englisch als prestigemäßig hochstehende Sprache bestehen bleibt. Wie weit das Spanische sich entwickelt, hängt wesentlich davon ab, wie lange die dritte Erziehungsperson im Kontakt mit dem Kind bleibt. Ist dies bis weit über das sechste Altersjahr der Fall, kann sich auch das Spanische als schwache Sprache langfristig festigen.

Mehrsprachig durch häufige Migration

Vor allem bei Kindern von Kaderleuten, Botschaftsangehörigen, Wissenschafterinnen kann es vorkommen, dass mehrmals während der Kindheit das Land und die Umgebungssprache gewechselt werden. In den meisten Ländern existieren jedoch private englischsprachige Schulen, in welche die Kinder geschickt werden. Für nicht englischsprachige Eltern ist es von Vorteil, wenn sie ihre Lebensplanung während den ersten zehn Lebensjahren der Kinder genau reflektieren. Wie oft sie mit den Kindern zusammen sein wollen, welche Sprache sie ihnen vermitteln wollen und in welchen Ländern sie voraussichtlich leben wollen, das sind Fragen, die im Interesse des

Kindes und einer ausgewogenen mehrsprachigen Erziehung mit Vorteil sehr früh beantwortet werden sollten. Ideal ist es, wenn die betreffenden Kinder mit den Sprachen der Eltern und einer konstanten Schulsprache wie zum Beispiel Englisch aufwachsen. Die Tatsache, dass die Familie je zwei Jahre in Moskau, Tokio, Helsinki, Buenos Aires und Riad lebt, ist für die sprachliche Entwicklung nebensächlich, wenn die Sprachen in der Familie und die Schulsprache konstant bleiben.

Analysieren Sie genau, wie die Sprachsituation in Ihrer Familie ist. Versuchen Sie auch zu quantifizieren, wer wie viel Zeit mit dem Kind verbringt und eine bestimmte Sprache spricht. Informieren Sie die Lehrperson Ihres Kindes über die Sprachsituation in der Familie und über Ihre Anliegen in Bezug auf die mehrsprachige Erziehung.

Tipp 6

3 Sprachen erwerben, lernen und vermitteln

3.1 Wie lernen Kinder Sprachen?

Der Erwerb einer Sprache ist nie ein linearer Prozess, in dem täglich gleichmäßig gelernt wird. Es gibt Momente, in denen der Erwerbsprozess rasant verläuft, und andere, in denen kaum Fortschritte wahrzunehmen sind. Es gibt Menschen, die schnell lernen, und andere, die eine Zweitsprache nur rudimentär erwerben. In den folgenden Kapiteln wird dargestellt, wie der Spracherwerb vor sich geht und welche Entwicklungsstufen durchlaufen werden. Zudem werden auch einige Besonderheiten des Sprachverhaltens behandelt.

Lernen und Erwerben

Grundsätzlich können zwei Formen von Spracherwerb unterschieden werden: erstens das *gesteuerte Lernen* und zweitens das *ungesteuerte Erwerben*. Die Wörter *Lernen* und *Erwerben* sind nur zum Teil gleichbedeutend. Das Lernen einer Sprache setzt eine bewusste Sprachverarbeitung voraus, bei der die lernende Person gezielt und dosiert Elemente der neuen Sprache lernt. Meist wird dabei der Sprachlernprozess von einer Lehrperson und/oder von Lehrmaterialien begleitet. Das Erwerben einer Sprache bezeichnet eher eine spontane Entwicklung der sprachlichen Kompetenzen ohne didaktische Hilfsmittel.

Das gesteuerte Lernen einer Sprache findet also statt, wenn eine lehrende Person oder Medien einen direkten Einfluss auf den Lernprozess ausüben. Das gesteuerte Lernen geschieht vor allem in schulischen Unterrichtssituationen, in denen die Lehrerin bzw. der Lehrer die sprachlichen Kompetenzen der Schülerinnen bzw. Schüler durch mündliche und schriftliche Aktivitäten und entsprechende Korrekturen steuert. Aber auch in informellen Situationen innerhalb der Familie oder des Freundeskreises kann das Lernen einer Sprache gesteuert werden, zum Beispiel durch gezielte Fehlerkorrekturen oder Reflexionen über Sprachliches.

Der ungesteuerte Erwerb einer Sprache erfolgt mehrheitlich in bestimmten sozialen Kontexten wie im Familienkreis, im Freundeskreis, im Kindergarten, in der Schule oder am Arbeitsplatz. Erstsprachen werden weitgehend ungesteuert erworben, obschon die Eltern und weitere Bezugspersonen immer wieder steuernd eingreifen können. Die Strategien beim Erwerb einer Sprache basieren vor allem auf dem Nachahmen des sprachlichen Verhaltens der Umgebung. Nicht nur Kinder, sondern auch migrierte Erwachsene erwerben die Sprache des Gastlandes weitgehend ohne steuernde Eingriffe. Menschen sind dazu veranlagt, Sprachen zu erwerben. Tatsächlich wird auch der größte Teil an Sprachkompetenzen spontan erworben. So kann es natürlich auch im Fremdsprachenunterricht zu Situationen kommen, in denen sprachliche Elemente ohne gezielte Steuerung erworben werden, etwa innerhalb eines Gesprächs mit der Lehrperson oder beim Lesen eines Textes. Die Vorstellung, dass nur ein guter Sprachunterricht zu guten Sprachkompetenzen führt, muss deshalb relativiert werden. Mit W. KLEIN (1984) ist zu betonen: «Der Fremdsprachenunterricht ist ein Versuch, einen natürlichen Prozess zu domestizieren».

✗ Tipp 7   Gehen Sie Ihren Sprachen nach: Wie haben Sie alle Ihre Sprachkenntnisse erworben und welche Spracherwerbssituationen waren für Sie am produktivsten? Lernen Sie lieber mit Lehrmitteln oder erwerben Sie Sprachliches lieber spontan in Kommunikationssituationen?

Die Entwicklung der Erstsprache(n)

Wie verläuft nun die Sprachentwicklung von Geburt an? Wie verarbeiten Babys den sprachlichen Input der Eltern, der eben auch mehrsprachig sein kann, und wie erwerben sie ihre Sprachkompetenz in einer oder zwei Sprachen gleichzeitig?

Die sprachliche Entwicklung eines Menschen beginnt schon sehr früh. Es konnte nachgewiesen werden, dass Babys bereits vor der Geburt die Stimme der Mutter wahrnehmen. In einem Experiment wurden Babys kurz nach der Geburt verschiedene Frauenstimmen abgespielt und dabei die Saugfrequenz am Schnuller gemessen. Jedesmal, wenn die getesteten Babys die Stimme der eigenen Mutter hörten, erhöhte sich die Saugfrequenz. Dies bedeutet, dass sie die Stimme der Mutter erkannt haben. Beim analogen Experiment mit der Vaterstimme konnte eine ähnliche Reaktion lediglich im Alter von vier Monaten beobachtet werden.

Das Kind unterscheidet also von Geburt an Stimmen und es reagiert vor allem auf die Stimme der Mutter. Durch das Hören erwerben die Babys die ersten Laute aus der Umgebung, die schon bald in Form von Lallen nachgeahmt werden. Nach neun bis zwölf Monaten können Kleinkinder eine gewisse Anzahl von Lauten aussprechen.[8] Diese Laute, wie zum Beispiel *mamam* für «Mama» oder «Essen», sind als ganze Ausdrücke zu verstehen, mit denen sich das Kind mitteilt. So sind auch einzelne Wörter während der sogenannten Ein-Wort-Phase im Alter von einem bis zwei Jahren als eigentliche Sätze zu verstehen. Wenn ein Kleinkind das Wort «heiß» im Zusammenhang mit dem heißen Backofen erworben hat, dann geschieht es oft, dass das Kind einer anderen Bezugsperson den kalten Backofen zeigt und dabei «heiß» sagt. Mit dem Ein-Wort-Satz «heiß» meint das Kind aber nicht «hohe Temperatur». Es drückt damit eine ganze Geschichte aus, die etwa so lauten könnte: «Ich habe gelernt, dass das Ding da heiß sein kann, und wenn ich das berühre, tut es weh und das ist nicht gut. Du musst also auch aufpassen.»

Damit sich solche Geschichten entwickeln, ist es unabdingbar, dass die Bezugspersonen von Geburt an oft und kontextbezogen mit dem Kind sprechen. Dabei wird über das Kind selbst, über anwesende Gegenstände, über Handlungen gesprochen oder vielmehr: Die Dinge werden beschrieben. Die Kinder erhalten so einen nachvollziehbaren sprachlichen Input und sie verbinden Ausdrücke mit erlebten Sachverhalten. In den ersten zwei Jahren entwickeln Kinder ihr Verstehensvermögen, das heißt sie lernen jeden Tag neue Wörter, die sie auf einer späteren Erwerbsstufe verwenden können. Verblüffend ist dabei, dass Kinder in einer mehrsprachigen Umgebung diese Leistungen in der gleichen Weise in mehr als einer Sprache erbringen können.

Für den Erwerb des Wortschatzes von Kleinkindern hat die Forschung gezeigt, dass «je jünger Kinder sind, desto stärker orientieren sie sich an wahrnehmbaren oder funktionalen Eigenschaften eines Objekts, je älter sie werden, um so häufiger werden auch Beziehungen zu Oberbegriffen oder Unterbegriffen hergestellt und Nebenbedeutungen erfasst. Ausgangspunkt für Wortbedeutungen sind immer die eigenen Erfahrungen (und damit verbundene Emotionen) sowie wahrnehmbare und funktionale Merkmale. Mit fortschreitender Entwicklung (das heißt zunehmenden Erfahrungen und anwachsendem Weltwissen) entstehen mehr und mehr konventionelle Wortbedeutungen, die Wörterbuchdefinitionen weitgehend gleichen.»[9] Es wurde ausgerechnet, dass der Wortschatz von den etwa 50 Ausdrücken eines zweijährigen Kindes in wenigen Jahren markant anwächst. Jeden Tag lernt ein Kind neue Wörter, und ein achtjähriges Kind kann durchaus schon mehr als 17'000 Wörter verstehen. Auch hier gilt, dass mehrsprachige Kinder durchaus in der Lage sind, diese Leistung in mehr als einer Sprache zu erbringen.

Beim Erwerb der Erstsprache(n) ergeben sich zwangsläufig auch Abweichungen von der korrekten Norm. Solche «Fehler» sind absolut natürlich und verschwinden im Laufe der Zeit entweder von selbst oder sie werden dank korrigierender Eingriffe der Bezugspersonen verbessert. Typische «Fehler» in der deutschen Sprache sind zum Beispiel

- das Fehlen des Artikels und der Verbalform:
  «Auto mein» oder «Haus groß»,
- ein falscher Kasus nach Präpositionen: «zu dich»,
- falsche Partizipformen: «Ich habe das gegesst».

Solche Fehler produzieren einsprachige Kinder in der gleichen Weise wie mehrsprachige. Typische Fehler, die Kinder mit zwei Erstsprachen produzieren, sind in der Regel Interferenzfehler. Das bedeutet, es werden Formen oder Strukturen der zwei Sprachen vermischt (siehe auch Seite 56). So kann ein englisch-deutschsprachiges Kind fragen: «Mach ich das den richtigen Weg?» (the right way). Solche Interferenzen dürfen nicht als negative Auswirkungen der Zweisprachigkeit gewertet werden, sondern gehören zu den absolut normalen Strategien der Kinder, die vorhandenen Sprachressourcen optimal und kreativ zu nutzen.

Mit sechs Jahren kann ein Kind in der Regel 80 Prozent der Formen und Strukturen der Sprache der Erwachsenen verwenden, und mit zehn Jahren ist die formale Sprachentwicklung weitgehend abgeschlossen. Bei einer kohärenten mehrsprachigen Erziehung wird dieses Ziel in der gleichen Zeit in mehr als einer Sprache erreicht.

In der Vergangenheit wurden verschiedene Theorien für den Spracherwerbsprozess und dessen Einflussfaktoren vorgeschlagen, aber keine von ihnen ist wirklich befriedigend. Jede Theorie stellt einen anderen Aspekt in den Mittelpunkt der Erklärungen (Reifungsprozess des Gehirns, angeborene Sprachfähigkeiten, Nachahmen des sprachlichen Verhaltens der Umgebung, psychologische Situation gegenüber einer Sprache usw.). Keine berücksichtigt die gesamte Vernetzung von Funktionen, in die eine Sprache eingebettet ist. Die Faktoren, die den Spracherwerb beeinflussen, sind so vielfältig, dass es möglicherweise gar keine allumfassende Theorie geben kann, mit der alle möglichen Erscheinungen erklärt werden können. Und wenn man bedenkt, dass die Sprachentwicklung auch mehrsprachig ablaufen kann, dann wird der Anspruch auf eine umfassende Theorie umso problematischer.

Die Entwicklung einer Zweitsprache

Kinder aus Familien, in denen eine andere Sprache als in der Umgebung gesprochen wird, wachsen in den ersten Lebensjahren einsprachig auf, solange sie in der Familie betreut werden. Wenn diese Kinder im Alter von vier bis fünf Jahren in eine Spielgruppe oder in einen Kindergarten eintreten, erwerben sie die Umgebungssprache als eine neue Sprache – eine Zweitsprache (siehe Seite 24). Auch ältere Kinder, Jugendliche oder Erwachsene, die durch Migration in einen neuen Sprachraum kommen, erwerben eine Zweitsprache.[10] Speziell am Erwerb einer Zweitsprache ist, dass vor allem Kinder im Schulalter, Jugendliche in der Ausbildung und zum Teil auch Erwachsene in Führungspositionen die Zweitsprache praktisch perfekt lernen, das heißt dem Alter entsprechend erstsprachliche Kompetenzen erreichen können.

Viele Menschen sind der Meinung, dass es mit zunehmendem Alter schwieriger wird, eine Sprache zu lernen. Gewisse Fachpersonen behaupten sogar, dass nach der Pubertät eine Zweitsprache nicht mehr vollständig erlernt werden kann, weil die Reifungsvorgänge des Gehirns abgeschlossen sind. Diese Behauptungen stimmen jedoch nicht. Sie sind wissenschaftlich nicht nachweisbar und die Erfahrung zeigt, dass nicht wenige Menschen eine Zweitsprache auch im Erwachsenenalter formal perfekt lernen können. Einzig bei der Aussprache gibt es eine Art Altersbegrenzung. Tatsächlich ist es für Erwachsene und zum Teil auch für Jugendliche sehr schwierig, eine perfekte Aussprache zu erwerben.[11] Wahr ist auch, dass Kinder eine Zweitsprache eher unreflektiert und «frei» von jeder vorfixierten sprachlichen Regel lernen können, während Erwachsene ihre Kompetenzen in der Erstsprache intensiv nutzen. Erstaunlicherweise haben Untersuchungen zum Zweitspracherwerb gezeigt, dass Jugendliche effizientere Lernende sind als Kinder. Sie erwerben die neue Sprache, ähnlich wie Kinder, nachahmend in allen Kommunikationssituationen, und zudem setzen sie auch bewusst formalsprachliche Lernstrategien ein. Das Zusammenspiel von unbewusstem Erwerben und bewusstem Lernen scheint damit eine sehr effiziente Lernform zu sein.

Was die notwendige Zeit für den perfekten Erwerb einer Zweitsprache anbelangt, so können keine allgemein gültigen Aussagen gemacht werden, weil zu viele Faktoren hier eine wichtige Rolle spielen. Es kann aber aufgrund von verschiedenen Studien festgestellt werden, dass Kinder im Schulalter und Jugendliche in der Ausbildung bei einer guten Sprachförderung durchaus im Stande sind, die Zweitsprache innerhalb von zwei bis drei Jahren zu erwerben. Bei Erwachsenen hängt der Erwerb weitgehend von der für das Lernen aufgewendeten Zeit ab. Meistens haben erwerbstätige Erwachsene wenig Zeit, um sich dem Sprachenlernen zu widmen. Auch wenn es einzelne glückliche Fälle gibt, in denen eine Zweitsprache innerhalb eines Jahres perfekt gelernt wird, so kann dies nicht als Regel angesehen werden.

Die Forschung hat auch gezeigt, dass der Zweitspracherwerb vom Sprachentwicklungstand der Erstsprache beeinflusst ist. Je größer die Kompetenz in der Erstsprache ist, desto schneller und effizienter verläuft der Erwerb der Zweitsprache (siehe dazu Kapitel 4.1, Seite 89). Die Kompetenz in der Erstsprache ist allerdings nicht mit höherer Schulbildung zu verwechseln. Zwar sind gut ausgebildete Personen gegenüber solchen mit tieferer Schulbildung tendenziell im Vorteil, eine Sprache perfekt zu lernen. Mit hoher Sprachkompetenz ist eher die Bewusstheit der Erstsprache gemeint sowie die Fähigkeit, die sprachlichen Unterschiede oder Ähnlichkeiten zur Zweitsprache zu erkennen.

Bei allen Zweitsprachlernenden wurde ein stufenweiser Entwicklungsprozess beobachtet. Demgemäß durchlaufen die Lernenden bestimmte Stufen, in denen jeweils typische Fehler produziert werden. Solche Stufen nennt man *Interimssprachen* (auch *Zwischensprachen* oder *Lernersprachen*). Die Spracherwerbsforschung geht heute davon aus, dass Interimssprachen zwar eine gewisse Regelmäßigkeit aufweisen, trotzdem aber individuell verschieden sein können.

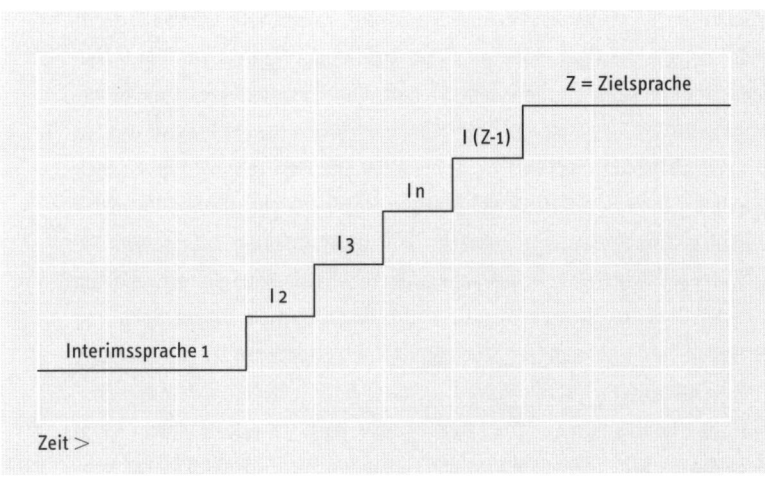

Jedes Stadium, das heißt jede Interimssprache (I_1, I_2, I_3 usw.), ist verglichen mit der Zielsprache noch fehlerhaft und unvollständig. Für die lernende Person stellt die Interimssprache jedoch ein eigenes Sprachsystem dar, mit dem sie sich ausdrücken kann. Insofern entwickelt sich die Zweitsprache nicht linear, sondern eher ruckartig. Für eine gewisse Zeit bleibt eine Interimssprache gleichsam bestehen, und erst nach einer gewissen Zeit der Festigung findet ein sprunghafter Fortschritt in Richtung Zielsprache statt. Die waagrechten Linien symbolisieren den Gebrauch bzw. die Festigung der Interimssprache, die senkrechten Linien stehen für den Lernzuwachs.

Charakteristisch für den Erwerb einer Zweitsprache ist auch die Tatsache, dass die zu lernende Sprache gleichzeitig gelernt und gebraucht werden muss. Anders als beim Fremdsprachenlernen, bei dem die Sprache im Unterricht zuerst gelernt wird und erst später vielleicht einmal in realen Situationen eingesetzt wird, muss die Zweitsprache von Anfang an als Kommunikationsmittel dienen.

■ Ein Vergleich: Um sich die Situation dieses Lernens und Brauchens plastisch vorstellen zu können, braucht man nur an einen Hausbau zu denken, bei dem die Hausbesitzer bauen und im Haus bzw. auf der Baustelle gleichzeitig auch wohnen. Stellen Sie sich vor, Sie bauen ein Einfamilienhaus. Die Grundmauern im Kellergeschoss haben Sie bereits gebaut und schon fährt der Möbelwagen mit allen Möbeln und dem gesamten Hausrat vor. Die Möbel müssen ausgeladen werden, aber Sie haben noch kein einziges Zimmer fertiggestellt. Mit Plastikplanen und Holzlatten richten Sie ein Provisorium als Unterkunft für sich und ihre Familie ein. Während Sie sich einrichten, können Sie natürlich nicht am Haus weiterbauen. Der Bau steht still und Ihr neues Zuhause sieht alles andere als nach «Schöner Wohnen» aus. Erst wenn Sie sich einigermaßen eingerichtet haben, können Sie am Haus weiterbauen und so schnell wie möglich die Mauern und Zimmerdecken errichten. Sobald so etwas wie ein rudimentäres Stockwerk gebaut ist, richten Sie sich neu ein. Die Plastik-Latten-Unterkunft wird verlassen und Sie richten sich in den Zimmern mit Rohmauern ein. Die Fenster fehlen noch, aber dafür haben Sie ja noch die restlichen Plastikplanen und Holzlatten. Auch während dieser Neuorganisation können Sie nicht weiterbauen. Und überall ist Bauschutt vorhanden. Als nächste Bauetappe werden Sie versuchen, das Haus so schnell wie möglich und mit Hilfe von Fachpersonen bis zum Dach im Rohbau fertigzustellen, damit das Ganze endlich wie ein Haus aussieht. Sie werden sicher nicht beginnen, die Fliesen im Eingangsbereich zu legen – es wäre vergebene Mühe, denn unter die Fliesen kommen ja noch Elektro- und Sanitärinstallationen. Und so geht es etappenweise weiter. Sie bauen eine Etappe und Sie organisieren sich wieder neu in Provisorien.

Wie der oben beschriebene Vergleich mit dem Hausbau, verläuft auch der Zweitspracherwerbsprozess nicht nach einem linearen und kontinuierlichen Programm, bei dem neue Formen und Strukturen der vorhandenen sprachlichen Kompetenz einfach hinzugefügt werden, wie dies zum Beispiel die Progression in Lehrmitteln suggerieren könnte. Vielmehr unterliegt der Erwerbsprozess geordneten Entwicklungsstadien, die sich stufenweise der Zielsprache annähern. Auf jeder Stufe besitzt die lernende Person eine Interimssprache, die zwar fehlerhaft und unvollständig ist, für die lernende Person aber ein funktionierendes System darstellt.

Jeder Lernzuwachs setzt einen kreativen Prozess voraus, bei dem die erreichte Interimssprache umstrukturiert wird. Grundsätzlich scheint zu gelten, dass Lernende zuerst einfache, wichtige und häufige sprachliche Formen und Strukturen, wie zum Beispiel die Struktur des Hauptsatzes, die Konjugation der regelmäßigen Verben und die Vergangenheitsformen rasch aufnehmen und verarbeiten. Schwierigere Formen oder Strukturen sowie weniger bedeutungstragende Elemente wie zum Beispiel die Kasusendungen (mit ein*em* schön*en* Pullover) werden hingegen – wenn überhaupt – sehr viel später erworben. Damit wird von der lernenden Person eine Art Selektion vorgenommen. Was für die Verständigung wichtig ist, also Satzstrukturen und Zeitformen der Verben, wird schnell erworben. Was hingegen kommunikativ wenig relevant ist, wird viel später erworben. Dies führt natürlich dazu, dass Lernende einer Zweitsprache während einer längeren Zeit Fehler produzieren.

Zwar hören die Lernenden idealerweise immer korrekte Sätze. Diese werden aber nicht einfach gespeichert, sondern im Gehirn auseinander genommen. Man nennt diesen Vorgang Dekomposition von zielsprachlichen Strukturen. Bei der Dekomposition entdeckt der Mensch Regelmäßigkeiten. Zum Beispiel entdeckt er, dass im Deutschen die Vergangenheit meistens mit der Form *ich habe ge…t* ausgedrückt wird, also *ich habe gelernt, ich habe gemalt, ich habe gezeigt* usw. Nach dieser Regel bildet er alle möglichen Verben in der Vergangenheitsform, wie: **ich habe geschreibt, *ich habe geesst, *ich habe getrinkt.* Diese Art der Regelanwendung nennt man Übergeneralisierung. Eine Regel, die nicht überall gilt, wird von der lernenden Person überall eingesetzt. Eigentlich gehen die Lernenden logisch vor. Es sind die Sprachen, die durch ihre geschichtliche Entwicklung

Regelabweichungen erfahren haben, welche die Grammatik als unlogisch erscheinen lassen. Warum heißt es «schneien – geschneit» und «schreien – geschrien»? Ganz einfach, weil «schneien» die Entwicklung zu «geschneit» durchgemacht hat und «schreien» nicht.

Wie beim Hausbau möglicherweise nicht alle Stockwerke voll ausgebaut werden, so ist es auch beim Zweitspracherwerb. Sehr oft kommt der Zweitspracherwerbsprozess zum Stillstand, weil man sich zum Beispiel mit der erreichten Sprachkompetenz bestens durchschlagen kann oder weil man ganz einfach keine Energie und Motivation mehr für weiteres Lernen hat. Diese Situation wird als *fossilierte Interimssprache* bezeichnet.

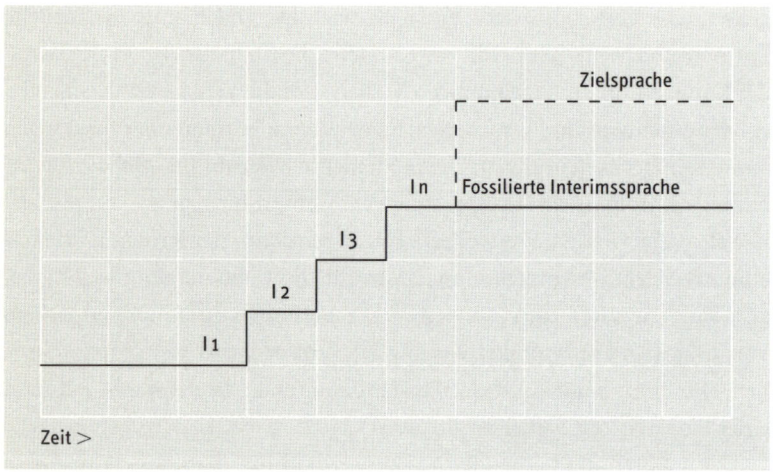

Die Fossilierung einer Interimssprache ist ein normales Phänomen. Bei allen Personen sind die Fremdsprachenkenntnisse mehr oder weniger fossilierte Interimssprachen. Besonders deutlich sind solche Fossilierungen bei Arbeitsmigranten zu sehen, wo man manchmal auch von einer so genannten Pidgin-Sprache spricht. Die erworbene Sprachkompetenz entspricht nur zum Teil den Normen der Ortssprache, die sprachlichen Äußerungen sind aber im Kontext meistens verständlich. Diese Pidgin-Sprache wird vor allem während der Arbeitszeit verwendet. In gewissen Arbeitsumgebungen entwickelt sich dieses Pidgin sogar zu einer Art Soziolekt, das heißt zur Sprache einer bestimmten Gruppe, die auch von Einheimischen gesprochen wird. Nicht selten kann man deshalb Deutsche hören, die mit fremdsprachigen Mitarbeitenden ein gebrochenes Deutsch sprechen. Warum dies geschieht, hat vielfältige Gründe, die hier nicht ausgeführt werden können. Tatsache ist aber, dass fremdsprachige Arbeiterinnen und Arbeiter in ihrer Sprachentwicklung auch dadurch nicht weiter kommen, weil sie vielfach von den Einheimischen keine korrekte Sprache hören.

Problematisch wird die Fossilierung, wenn sie sich bei Kindern schon im Schulalter ergibt. In diesen Fällen ist eine sorgfältige Abklärung seitens der Lehrpersonen wichtig. Oft wird dahingehend argumentiert, dass diese Kinder die fossilierten Formen ihrer Eltern übernehmen. Diese Erklärung greift allerdings zu kurz, denn in vielen Fällen findet eine Fossilierung statt, auch wenn die Eltern mit dem Kind ausschließlich ihre Herkunftssprache(n) sprechen. Die Ursache aller Fossilierungen ist vielmehr, dass die natürlichen Spracherwerbsstrategien nicht mehr aktiv sind und fossilierte Fehler nicht mehr erkannt werden. Die lernende Person erkennt die eigenen Fehler nicht und weiß auch nicht, welche Fehler wie verbessert werden sollen. Alle Bezugspersonen und vor allem die Lehrpersonen können in solchen Fällen am effizientesten dadurch helfen, dass ein bis zwei typische Fehler immer wieder korrigiert werden – auch mit lustigen Merkhilfen wie zum Beispiel aufstehen und sich um die eigene Achse drehen und die korrekte Form sagen. So wird die korrekte Form mit einer körperlichen Tätigkeit verankert. Dadurch werden natürlich nicht automatisch alle anderen Fehler verbessert, der lernenden Person wird jedoch bewusst, dass ihre Sprache fehlerhaft ist. Ihre Aufmerksamkeit richtet sich vermehrt auf formale Aspekte, und die natürlichen Strategien des Spracherwerbs werden wieder aktiviert.

Überlegen Sie, welche Sprachen bei Ihnen fossiliert sind und weshalb Sie diese nicht weiter perfektionieren, so dass Sie in allen Sprachen erstsprachliche Kompetenzen erreichen.   ▸ Tipp 8

Erwerbsstrategien von Kindern

Kinder erwerben eine Zweitsprache weitgehend wie die Erstsprache. Voraussetzung dafür ist jedoch, dass sie die Zweitsprache in vielfältigen und nachvollziehbaren Situationen erleben. Insofern ist es für die Kinder sehr wichtig, dass die Bezugspersonen viel über die Sachverhalte in der Umgebung sprechen, zum Beispiel über Gegenstände (Was ist das?), über Handlungen (Wer macht was wie?), über Bilder (Was ist zu sehen?). Vor allem Lehrpersonen im Kindergarten oder in den ersten Jahren der Volksschule dürfen nicht zu früh verlangen, dass fremdsprachige Kinder frei sprechen. Eher müssen die Lehrpersonen die Rolle übernehmen, selbst viel zu sprechen. Kinder brauchen viel verständlichen Input, bevor sie selbst etwas äußern können. Das Hörverstehen ist denn auch die Grundlage für den kindlichen Zweitspracherwerb.

Wenn Kinder mit einer neuen Sprache in Kontakt kommen, verhalten sie sich naturgemäß anders als bildungsgewohnte Erwachsene. Während diese eher dazu tendieren, die neue Sprache über das Schriftliche zu lernen, stützen sich Kinder sowie auch bildungsferne Erwachsene fast ausschließlich auf das Mündliche. Sie nutzen dabei ihre natürlichen Erwerbsstrategien. Dem Kind geht es nämlich nicht primär darum, die Sprache zu lernen, sondern vor allem darum, in einer Gruppe mitmachen zu können, dazuzugehören, sich integriert zu fühlen. Um dies zu erreichen, setzen Kinder Verhaltensstrategien ein, bei denen gleichsam als Nebenwirkung auch die Sprache gelernt wird. Im Prinzip handelt es sich vor allem um folgende Strategien:

- Verhalte dich in der Gruppe so, wie wenn du alles verstehen würdest, was vorgeht.
- Nimm an, dass das, was die anderen sagen, direkt mit der Situation zu tun hat.

Das Kind interpretiert also die erlebten Situationen und verhält sich so, wie sich die anderen Kinder verhalten. Das bedeutet, dass das lernende Kind nichts anderes tut, als Handlungen und Sprache nachzuahmen. Bezogen auf das sprachliche Lernen heißt dies, dass Kinder schnell alltägliche und häufige Ausdrücke als Ganzes memorieren und nachsprechen, wie zum Beispiel *das gehört mir, ich weiß nicht, ich verstehe nicht, ich will auch* usw. Die Sätze sind vor allem auf die eigene Person bezogen, eventuell auch auf eine zweite Person, wie zum Beispiel *lass mich in Ruhe*. Das Kind versucht zuerst, die Wichtigkeit seiner Person in der Gesellschaft zu betonen, und erst im Laufe der Zeit wird es weitere Beziehungen mit den anderen sprachlich ausdrücken können.

Die natürliche Strategie des Nachahmens kann also vor allem am Anfang des Spracherwerbs genutzt werden, indem häufige Wendungen in konkreten Handlungssituationen auswendig gelernt werden. Dies tun Lernende natürlicherweise, dies können Lehrpersonen im Unterricht auch anregen und üben. Solche Ausdrücke geben den Lernenden die Sicherheit, etwas Korrektes zu sagen, und sie geben ihnen das notwendige Gefühl der Zugehörigkeit zu einer Gemeinschaft. Man nimmt an, dass ein großer Teil der Kindersprache aus festen Wortketten besteht, die die Kinder als ganze Ausdrücke memoriert haben. Dieses Phänomen kommt vor allem beim Schreibenlernen in der ersten Klasse zum Vorschein. Kinder kennen die vielen Wortgrenzen nicht und schreiben zum Beispiel «meinemama» oder «wasislos» ohne Wortabstände.

Fremdsprachige Kinder im Kindergarten können auf diese Weise bewusst oder unbewusst einen höheren Sprachstand vortäuschen, als sie tatsächlich haben. Sie benützen ganz einfach die erworbenen fixen Äußerungen in der passenden Situation und in der korrekten Aussprache. Müssen sie aber einen Satz selbst formulieren, etwa beim Berichten über das Wochenende oder beim Erklären eines Geschehnisses, kommen sie in Sprachnot und behelfen sich mit starkem Einsatz von Füllwörtern (das Ding), Gestik oder lautmalerischen Ausdrücken (Comicsprache). Sie vermögen sich durchaus verständlich zu machen, hingegen fehlt ihnen noch die Fähigkeit, einen einfachen eigenen Gedanken in einem nie vorher ausgedrückten Satz zu formulieren.

Beobachten Sie die Sprache von Kindern oder Erwachsenen in Alltagsgesprächen und versuchen Sie zu erkennen, welche fixen Wortketten häufig vorkommen. **Tipp 9**

Verschiedene Stufen der Zweisprachigkeit

Mehrsprachigkeit galt in früheren Jahrzehnten weitgehend als Benachteiligung, ja sogar als Behinderung. Anfang des 20. Jahrhunderts und vor allem während den Kriegsjahren war die linguistische Forschung von der Überzeugung geprägt, dass mehrsprachige Kinder gemessen an den Monolingualen einen tieferen Intelligenzquotienten erreichen. Diese Behauptung hat sich lange Zeit gehalten und wurde erst in den 80er-Jahren widerlegt bzw. differenziert. Mit der so genannten *Schwellenhypothese*, die sich auf breite Untersuchungen von Schülerinnen und Schülern in Bezug auf deren linguistischen und kognitiven Leistungen stützt, wurden die Auswirkungen der Zweisprachigkeit genauer beschrieben. Das folgende Schema fasst die Ergebnisse zusammen.

Schwellenhypothese

Typ von Zweisprachigkeit			*Kognitive Auswirkungen*
A Altersgemäße Beherrschung beider Sprachen			*Positive Auswirkungen auf kognitive Fähigkeiten*
	B Altersgemäße Beherrschung einer der beiden Sprachen		*Weder positive noch negative Auswirkungen auf kognitive Fähigkeiten*
		C Nicht altersgemäße Beherrschung beider Sprachen	*Negative Auswirkungen auf kognitive Fähigkeiten*

Die obere Schwelle A erreichen zweisprachige Personen, die in allen Situationen beide Sprachen perfekt beherrschen. Das bedeutet, dass sich die zwei Sprachen in keiner Weise negativ beeinflussen. Es handelt sich um den idealtypischen Fall, der in der Wirklichkeit nur bei wenigen Personen zutrifft. In der Regel zeigen auch die kompetentesten zweisprachigen Menschen in der Aussprache oder in der Wahl der Wörter Spuren der anderen Sprache. Eine perfekte Zweisprachigkeit nennt man eine *additive* oder *ausgeglichene Zweisprachigkeit*. Bezeichnend für sie ist der Befund, dass diese Menschen höhere kognitive Leistungen erbringen können. Das bedeutet, dass sie ausgeprägtere Fähigkeiten haben, abstrakte Gedankengänge zu verstehen oder zu formulieren. Sie haben schon früh gelernt, über Sprachliches zu reflektieren und damit Willkürlichkeiten und Gemeinsamkeiten in den Sprachen zu erkennen. Diese Art der Zweisprachigkeit kommt in der Regel durch eine zweisprachige Schulung zustande. Im deutschen Sprachraum, wo zweisprachige Schulen noch selten sind, ergibt sich diese Zweisprachigkeit in ganz wenigen Fällen bei Kindern aus bildungsnahen Familien und durch den Besuch von Kursen in heimatlicher Sprache und Kultur, die vielerorts von den politischen Vertretungen oder Institutionen der Herkunftsländer (Botschaften, Elternvereinigungen) angeboten werden. Häufiger entwickelt sich diese Art der Zweisprachigkeit durch Migration: Ein dreizehnjähriges Kind zieht mit seiner Familie nach England und beendet dort die Schule; ein deutschsprachiger Student absolviert sein ganzes Studium in den Vereinigten Staaten; eine italienischsprachige Familie aus Zürich zieht mit ihrer vierzehnjährigen Tochter in die italienischsprachige Schweiz und nach der Matura besucht die Tochter eine deutschsprachige Universität.

Die mittlere Schwelle B erreichen zweisprachige Personen, die eine der zwei Sprachen auf einem Nativespeaker-Niveau beherrschen. Hier spricht man von *dominanter Zweisprachigkeit*. Die meisten bilingualen Menschen sind dominant zweisprachig, das heißt sie haben eine schwache und eine starke Sprache. Typisch hierfür sind die fremdsprachigen Kinder in einer Migrationsituation. Ihre Erstsprache erwerben sie im Familienkreis in umgangssprachlichen Situationen, und in der Schule des Gastlandes lernen sie die Zweitsprache mündlich und schriftlich. Schon nach wenigen Jahren entwickelt sich die Zweitsprache zur starken Sprache, während die

Erstsprache nur in bestimmten Situationen vor allem innerhalb der Familie gebraucht wird. Die Kompetenz in der Erstsprache bleibt auf dem Niveau der familiären Alltagssprache stehen und ist in der Regel tiefer als diejenige der einsprachigen Kinder im Herkunftsland, während die Kompetenz in der Sprache des Gastlandes mit derjenigen der gleichaltrigen Einheimischen vergleichbar ist. Diese Art der Zweisprachigkeit hat weder positive noch negative Folgen auf die kognitiven Leistungen. Die Denk- und Lernfähigkeit dieser Menschen ist vergleichbar mit derjenigen von einsprachigen Menschen.

In diesem Zusammenhang ist ausdrücklich auf eine weit verbreitete falsche Interpretation von Forschungsresultaten aufmerksam zu machen. Die Aussage, dass die Zweitsprache sich nicht weiter entwickeln könne als die vorhandenen erstsprachlichen Kompetenzen, stimmt nicht. Bei den meisten Migrantenkindern wird gerade die Zweitsprache nach wenigen Jahren zur starken Sprache und übertrifft bei weitem das Niveau der Erstsprache. Was hingegen nachweisbar zutrifft, ist die Tatsache, dass Kinder mit einer altersgemäß entwickelten Erstsprache schneller und besser eine Zweitsprache lernen als Kinder, deren erstsprachliche Kompetenzen lückenhaft sind.

Die unterste Schwelle C erreichen zweisprachige Personen, die in keiner Sprache ein Nativespeaker-Niveau entwickelt haben. Diese Form der Zweisprachigkeit wird vielerorts auch als *doppelte Halbsprachigkeit* oder *Semilingualität* genannt – eine Bezeichnung, die in der linguistischen Literatur stark kritisiert wurde. Tatsächlich ist es nicht so, dass diese Menschen zwei «halbe Sprachen» beherrschen. Im Gegenteil: Sie können sich im Alltag perfekt in zwei Sprachen verständigen, in Bezug auf die schulbezogenen Anforderungen genügen ihre sprachlichen Fähigkeiten allerdings nicht. Tatsächlich wirkt sich diese Form der Zweisprachigkeit für die kognitive Entwicklung des Menschen nachteilig aus. Kinder, die in keiner der zwei Sprachen ein altersgemäßes Niveau erreichen, haben tatsächlich größere schulische Probleme, und zwar nicht nur in der Sprache, sondern meistens in allen Fächern, in denen abstrakte Sachverhalte gelernt werden müssen (Mathematik, Geografie, Geschichte, Biologie usw.). Aufgrund ihrer geringeren Sprachfähigkeiten vermögen sie die altersgemäßen Inhalte des Unterrichts nur begrenzt zu verstehen und zu verarbeiten. Sie fallen daher in ihren Leistungen gemessen am Klassendurchschnitt ab. Möglich ist, dass die Studien vom Anfang des 20. Jahrhunderts sich vor allem mit solchen Fällen auseinandergesetzt haben und daher zum Schluss kamen, Zweisprachigkeit wäre eine Benachteiligung für das Kind. Diese dritte Form der Zweisprachigkeit (Schwelle C) ergibt sich in erster Linie bei Kindern von Arbeitsmigranten, die ihre Erstsprache nicht ausreichend zu vermitteln vermögen. Verschiedene Ursachen können dazu führen, beispielsweise die Arbeitsüberlastung der Eltern, die wenig Sprachkontakt mit den Kindern zulässt, oder das Gefühl der Eltern, dass ihre Sprache in der Schule ohnehin nichts nützt. Zudem sind immer noch einige Lehrpersonen fälschlicherweise der Meinung, dass die Herkunftssprache für den Schulerfolg hinderlich ist, und sie raten den Eltern, zu Hause Deutsch (oder eher Pidgin-Deutsch) zu sprechen. Was jedoch am meisten ins Gewicht fällt, ist die Tatsache, dass die Förderung der Erstsprachen nach wie vor eine außerschulische Angelegenheit ist. Wenn die Schulen der Aufnahmeländer die Erstsprachen der Schulkinder weiter ignorieren, wird es kaum möglich sein, die Anzahl der Kinder mit ungenügenden Kompetenzen in beiden Sprachen zu verringern. Festzuhalten ist hier, dass mangelnde Sprachkompetenzen in der Regel nicht mit der Zweisprachigkeit zu tun haben, sondern vielmehr mit sozialen Umständen, die von der Familie und von der Schule gegeben sind.

Auch die erstsprachlichen Kompetenzen von Kindern, die im Schulalter einreisen, können sehr unterschiedlich sein. Während die einen eine normale Schullaufbahn im Herkunftsland begonnen und durchlaufen haben, ist bei anderen durch verschiedenste Umstände der Schulbesuch nur lückenhaft erfolgt. In dieser Situation ist es empfehlenswert, nach Möglichkeit auch die Kompetenz in der Erstsprache abzuklären, um den Zweitspracherwerb zu erleichtern.[12]

Sprachliche Besonderheiten mehrsprachiger Kinder

Die Sprachproduktion zweisprachiger Kinder kann für viele einsprachige Bezugspersonen merkwürdig tönen, wenn die Kinder mit ihresgleichen zwei oder mehr Sprachen auf sehr gekonnte Art und Weise mischen. Oft werden solche Sprachmischungen als Ausdruck fehlender Sprachkompetenz in einer Sprache beurteilt. Diese Beurteilung hat in der Vergangenheit auch viele Vorurteile gegenüber dem Phänomen der Zweisprachigkeit verursacht. In Wirklichkeit ist die Sprachproduktion mehrsprachiger Kinder und zum Teil auch Erwachsener durch kreative sprachliche Strategien charakterisiert. Es handelt sich um Produkte des Sprachkontakts, die in drei Kategorien unterteilbar sind: 1. Lehnwörter, 2. Interferenzen, 3. Sprachwechsel.

Lehnwörter sind Ausdrücke oder sprachliche Elemente, die von einer Sprache in eine andere übertragen und zum Teil angepasst werden. Dabei gibt es Wörter, die unverändert bleiben (zum Beispiel *Devo dirlo al Lehrer* = Ich muss es dem Lehrer sagen). Andere werden hingegen wie Wörter der Zweitsprache ausgesprochen (zum Beispiel *Il chef della firma non mi ha pagato la cranchencassa* = Der Chef meiner Firma hat meine Krankenkasse nicht bezahlt).[13] Der Satz tönt wohl Italienisch, aber darin werden drei Helvetismen (*Chef, Firma, Krankenkasse*) verwendet, die in Italien nicht gebraucht und zum Teil auch nicht verstanden werden. Die sprechende Person braucht diese Sprache aber nur in Kontexten, in denen sie sicher ist, dass die Zuhörenden Sätze solcher Art auch verstehen.

Die *Interferenz* entspricht der Beeinflussung einer Sprache durch die andere, was auf verschiedenen Ebenen stattfinden kann. Die Aussprache ist zum Beispiel häufig von Interferenzen betroffen. Denn auch Personen, die eine Zweitsprache perfekt gelernt haben, können Spuren der Erstsprache in ihrer Aussprache bewahren. In diesem Kontext sind zum Beispiel für einen Italiener die deutschen Laute /ö/, /ü/ oder /ch/ typische Bereiche, bei denen Ausspracheinterferenzen vorkommen können. Bei Spanischsprachigen ist es dagegen die Aussprache von /w/ und /b/, da es diese Lautunterscheidung im Spanischen nicht gibt. Für Türkischsprachige ist die Aussprache von zwei aufeinanderfolgenden Konsonanten (*Bruder, privat* usw.) schwierig, denn das Türkische weist, außer bei wenigen Ausnahmen, die Abfolge Konsonant–Vokal–Konsonant–Vokal usw. auf. Aus diesem Grund sprechen Türkischsprachige Wörter wie *Bruder* oder *privat* mit einem Sprossvokal aus: Buruder, pirivat.

Interferenzen betreffen aber auch andere sprachliche Bereiche wie Formen und Endungen, den Satzbau oder den Wortschatz. Interessant sind folgende Beispiele aus der italienisch-deutschen Zweisprachigkeit. Eine deutschsprachige Person kann fälschlicherweise *io aiuto a te* sagen, weil auf Deutsch der Satz *ich helfe dir* mit Dativ gebildet wird. Ein Italiener könnte hingegen *ich helfe dich* sagen, weil der italienische Satz *io ti aiuto* die Akkusativform verlangt. Dasselbe ist im Gebrauch des Hilfsverbs im Satz *io sono finito* beobachtbar, weil der deutsche Satz *ich bin fertig* mit dem Hilfsverb *sein* gebildet wird. Der ehemalige Fußballtrainer von Bayern-München, Giovanni Trapattoni, formulierte in einem Live-Interview vor laufenden Kameras den Satz *ich habe fertig*, weil auf Italienisch *io ho finito* korrekt mit dem Hilfsverb *avere* (= haben) gebildet wird. Die Interferenzen zweier Sprachen weisen eine gewisse Regelmäßigkeit auf, die von den Formen und Strukturen der beiden Sprachen abhängig sind. Sprachlernende brauchen naturgemäß die Kompetenzen der Erstsprache, um sprachliche Probleme in der Zweitsprache zu überwinden. Die Interferenzen spiegeln insofern einen kreativen Verarbeitungsprozess der Interimssprache wieder.

Der *Sprachwechsel* (auch *Codeswitching* genannt) ist bei der zweiten Generation von Migrierten oft beobachtbar. Der entsprechende gemischte Sprachgebrauch hat sich teilweise zu einem Identitätszeichen entwickelt. Tatsächlich kann der Sprachwechsel nur innerhalb einer gewissen Gruppe mit gleichem Sprachhintergrund verwendet werden. Auch in den zweisprachigen Familien ist der Sprachwechsel verbreitet.

In diesem Kontext kann der Sprachwechsel sogar ein spielerisches Element beinhalten: Es werden Mischausdrücke erfunden, die nur in beschränkten Situationen zulässig sind und nur von den Gruppenmitgliedern verwendet werden. Aus der italienisch-deutschen Mischsprache können Wörter wie *zahliamo* (*wir zahlen/paghiamo*), *non faccio più mit* (*ich mache nicht mehr mit*) entstehen. Leider hat die Forschung bis jetzt nur bestimmte Aspekte des Sprachwechsels untersucht, es scheint aber, dass es keine feste Regeln für den Gebrauch dieser Kommunikationsart gibt. Wir wissen auch noch nicht, welche grammatikalischen Prinzipien den Sprachwechsel steuern.

Oft glaubt man, dass eine verwandte Sprache einfacher zu lernen ist als eine entfernte Sprache. Italienischsprechende Personen sollen also Spanisch oder Französisch schnell erwerben können. Dasselbe soll für Deutschsprachige bezüglich des Englischen oder Dänischen gelten. Natürlich vereinfachen ähnliche sprachliche Strukturen den Lernaufwand, aber sie verursachen oft auch zahlreiche sprachliche Interferenzen. Deutschsprachige, die Englisch lernen, können daher Sätze vom Typ *Speak you English? nach dem Muster Sprechen Sie Englisch? bilden oder I have become a dog at Christmas nach dem Muster Ich habe einen Hund zu Weihnachten bekommen. Solche Interferenzen nennt man in der Sprachdidaktik auch falsche Freunde, und sie kommen auch bei kompetenten Sprechern vor.

3.2   Grundregeln der mehrsprachigen Erziehung

Mutter, Vater und Geschwister sind die wichtigsten Bezugspersonen in der Sprachvermittlung, aber auch Großeltern und Verwandte sowie Kindermädchen, Betreuerinnen in Kindertagesstätten und Horten können eine zentrale Rolle spielen. Faktoren wie Zeit, sprachliche Vorbilder und Beziehungen spielen ebenfalls eine große Rolle. In den folgenden Kapiteln werden die wichtigsten Faktoren betrachtet, die den Erwerb von mehr als einer Sprache innerhalb der Familie maßgeblich beeinflussen können.

Das Prinzip «eine Person – eine Sprache»

Familiensituationen, in denen die Mutter eine andere Erstsprache als der Vater hat, sind immer häufiger anzutreffen (siehe Seite 31 ff.). In der Regel ist es für Kinder kein Problem, beide Sprachen von den Eltern zu lernen. Bereits 1913 hat der französische Linguist J. RONJAT das Prinzip eine Person – eine Sprache als einen wichtigen Faktor für eine erfolgreiche zweisprachige Erziehung formuliert. Bei diesem Prinzip geht es in erster Linie um die direkte Kommunikation zwischen Elternteil und Kind. Kinder sind von Geburt an fähig, von zwei verschiedenen Bezugspersonen zwei verschiedene Sprachen zu übernehmen, vorausgesetzt dass die Bezugspersonen mit dem Kleinkind immer die gleiche Sprache sprechen. Das lernende Kind braucht während der Erwerbszeit eine gewisse Sicherheit für die Rollenverteilung der Menschen, die mit ihm kommunizieren. In den normalen Fällen trennt das Kind schon relativ früh den Gebrauch beider

Sprachen und folgt tatsächlich dem erwähnten Prinzip. Bereits im Alter von drei Jahren sind zweisprachige Kinder durchaus fähig, in der gleichen Kommunikationssituation mit der einen Person die eine Sprache und mit der anderen Person die andere Sprache zu sprechen. Der Wechsel von einer Sprache zur andern geschieht in Bruchteilen von Sekunden oder – besser gesagt – mit der gleichen Geschwindigkeit, mit der das Kind von der einen Person zur anderen blickt. Wenn das Kind in Anwesenheit der Mutter dem Vater etwas in der Sprache des Vaters sagt, kommt es häufig vor, dass das Kind das Gleiche auch der Mutter wiederholt, jedoch in der Sprache der Mutter. Das Kind übersetzt somit von einer Sprache zur andern. Solche Übersetzungsleistungen kommen selbst dann vor, wenn die Eltern die Sprache des Ehepartners bzw. der Ehepartnerin verstehen und selbst auch sprechen. Dieses natürliche Verhalten des Kindes ist einerseits das Produkt eines konsequenten Sprachgebrauchs seitens der Eltern, andererseits ein Anzeichen für eine gut angebahnte zweisprachige Entwicklung des Kindes.

Wenn Erwachsene über Sprachen sprechen, dann wissen sie, was eine Sprache ist. Sie denken dabei ganz konkret an den Klang einer Sprache, an ein Land, in dem diese Sprache gesprochen wird, an Wörter, an das Schriftbild und vieles mehr. Sprachen sind allerdings weitgehend abstrakte Konzepte und sie verwirklichen sich durch das Gesprochene (Schallwellen) und durch Geschriebenes (Schriftbilder). In der Spracherziehung mit kleinen Kindern muss man sich bewusst sein, dass Kinder keine abstrakten Konzepte verstehen können. Ein einjähriges oder zweijähriges Kind kann nicht wissen, was eigentlich Französisch, Englisch oder Urdu ist. Für das Kind existieren lediglich konkrete Menschen, die eine bestimmte Sprache sprechen, das heißt sich in einer bestimmten Form sprachlich ausdrücken. Wenn kleine Kinder eine ihnen bekannte Sprache hören, sagen sie nicht «Die spricht Englisch», sondern «Die spricht wie Tante Mary».

Zwei- bis vierjährige Kinder ordnen die Sprache den Personen zu, mit denen sie diese Sprachen in der Beziehung erlebt haben. Für Kleinkinder ist das sprachliche Verhalten ein mögliches Verhalten unter anderen. Wenn Kleinkinder eine Sprache lernen, lernen sie nicht Deutsch, Italienisch oder Hindi, sondern sie lernen nachahmend die sprachliche Verhaltensweise einer bestimmten Bezugsperson.

■ Aus dem Alltag einer zweisprachigen Familie: Meine Tochter Eleonora wuchs in der Familie italienischsprachig auf und lernte die Sprache der Umgebung, Zürichdeutsch, im Alter von vier Jahren. Als sie fünf Jahre alt und die Familie zu Besuch bei der Tante und der Großmutter im Tessin war, sprach Eleonora einige Sätze auf Mundart mit der Großmutter, die ursprünglich Appenzellerin ist. Die ebenfalls anwesende Tante, die zwar Deutsch als Fremdsprache gelernt hat, jedoch italienischsprachig ist, war darüber erstaunt und fragte Eleonora: «Ma che lingua parli?» (Welche Sprache sprichst du eigentlich? Wörtlich übersetzt: Aber welche Zunge sprichst du?) Die Antwort von Eleonora war verblüffend: Sie streckte die Zunge heraus, zeigt mit dem Zeigefinger auf ihre Zunge und wandte sich ab. Für Eleonora war klar, dass «lingua» das Organ im Mund ist, mit dem wir sprechen. «Lingua» als abstraktes Konzept für «Sprache» existierte für sie noch nicht.

Wechselt eine Bezugsperson von der einen in die andere Sprache, dann kann ein Kleinkind unmöglich wissen, welches die eine Sprache und welches die andere Sprache ist. Wenn Objekte von derselben Person verschiedenartig benannt werden (zum Beispiel einmal Tisch und einmal mesa), dann ist das Kind zwangsläufig verunsichert. In der zweisprachigen Erziehung stellt deshalb die goldene Regel *eine Person – eine Sprache* ein fundamentales Prinzip dar.

✗ Tipp 10   Entscheiden Sie bereits vor der Geburt eines Kindes, welche Sprache Sie als Elternteil vermitteln wollen. Halten Sie sich während den ersten vier Lebensjahren des Kindes vor allem in der direkten Kommunikation mit dem Kind so konsequent wie möglich an die Regel «eine Person – eine Sprache». Vermeiden Sie Sprachmischungen.

Beziehungssprachen und Beziehungen zu den Sprachen

Sprache ist mehr als nur ein Kommunikationsmedium zwischen Menschen. Die Sprache ist eines der wichtigsten Mittel zum Aufbau und zur Erhaltung von Beziehungen und zur Vermittlung von Liebes- und Zugehörigkeitsgefühlen. Man braucht dabei nur an Konfliktsituationen zu denken, in denen sich die Streitenden mit Sprachentzug gegenseitig strafen. Menschen halten es unter normalen Umständen nicht lange ohne sprachliche Kontakte aus. In einem grausamen Experiment ließ FRIEDRICH DER ZWEITE (1194–1250) Kinder in einem Heim ohne Sprache aufwachsen. Er wollte herausfinden, welches die Ursprungssprache der Menschen sei. Die Ammen durften mit den Kindern in keiner Weise sprechen. Diese Kinder erwarben nicht nur keine Sprache, sie starben alle innerhalb von wenigen Jahren. So ist auch die Isolationshaft eine der grausamsten Formen des gesetzlichen Strafvollzugs.

Das Prinzip *eine Person – eine Sprache* spiegelt auf eindrückliche Weise, wie stark Sprachen die zwischenmenschlichen Beziehungen prägen. Für das Kleinkind ist die Mutter untrennbar mit ihrer Sprache verbunden. Zum Teil reagieren auch ältere Kinder sehr negativ, wenn die Eltern zur schulischen Förderung versuchen, mit ihnen eine Schulfremdsprache zu sprechen. Welchen Stellenwert die Sprache einnimmt, kann man selbst erfahren, indem man in einer Beziehung versucht, die Sprache zu wechseln. Man braucht nur eine gemeinsame Fremdsprache während mehr als einer Stunde zu sprechen. Die Gefühle, die dabei aufkommen, zeigen eindeutig, dass die gemeinsame Sprache in der Beziehung mehr als ein bloßes Kommunikationsmittel ist. In der Regel ist es so, dass sich in einer Liebes- oder Freundschaftsbeziehung eine Sprache etabliert und nicht mehr oder nur in Ausnahmefällen gewechselt werden kann.

Lebende Sprachen sind Beziehungssprachen. Latein oder Altgriechisch sind insofern tote Sprachen, als niemand sie für seine zwischenmenschlichen Beziehungen benützt. Die Tatsache, dass es eine Art Fan-Gemeinde zum Beispiel für das Lateinische gibt (www.latin.org) bedeutet noch lange nicht, dass diese Sprache als lebende Sprache gelten kann. Auch schulische Fremdsprachen sind in diesem Sinn keine Beziehungssprachen, da mit ihnen keine zwischenmenschlichen Beziehungen aufgebaut werden. Wohl aber entwickelt sich die Einstellung zu einer Schulfremdsprache je nachdem, wie der Fremdsprachenunterricht erlebt wurde. Wer tolle Lehrpersonen, viele Erfolgserlebnisse und schöne Unterrichtsstunden im Fach Französisch erleben durfte, hat in der Regel eine positive Einstellung zu dieser Sprache – und umgekehrt.

Für viele Deutschschweizerinnen und Deutschschweizer, die jahrein jahraus Dialekt sprechen und Hochdeutsch lediglich lesen, ist Hochdeutsch keine Beziehungssprache. Sie haben Mühe, Hochdeutsch zu sprechen, nicht weil Hochdeutsch eine Fremdsprache ist, sondern weil ihnen Hochdeutsch fremd ist. Anders gesagt, sie haben Mühe mit dem Hochdeutschen, weil diese Variante für sie keine Beziehungssprache ist oder, anders gesagt, weil sie niemanden auf Hochdeutsch «lieben». Wer eine Sprache gerne spricht, erlebt diese Sprache in der Regel in angenehmen Beziehungen und Situationen mit anderen Menschen.

Für die mehrsprachige Erziehung ist es deshalb von größter Wichtigkeit, dass die Kinder eine gute und entspannte Beziehung zu den Eltern und den Bezugspersonen haben. Schwierigkeiten können entstehen, wenn beispielsweise ein Vater die ganze Familie zwingt, bei Tisch oder in seiner Anwesenheit seine Sprache zu sprechen. Auch eine gut gemeinte Aufforderung vom Typ «Sag es doch bitte auf…» verfehlt in der Regel ihr Ziel. Wenn Kinder gezwungen werden, eine bestimmte Sprache zu sprechen, entsteht sehr häufig Abneigung gegenüber dieser Sprache und der entsprechenden Sprachgemeinschaft.

Das Prinzip der freien Sprachwahl für die Kinder

Ein Beispiel für die spannungsvolle Beziehung zu einer Sprache zeigt sich im Hochdeutschgebrauch in Deutschschweizer Schulen. Viele Lehrpersonen lassen dialektale Äußerungen von Kindern auf Hochdeutsch wiederholen und meinen, dadurch einen Beitrag zur Hochdeutschentwicklung zu leisten. Das Gegenteil ist der Fall. Die Aufforderung «Sag es noch einmal auf Hochdeutsch» bewirkt noch größere Ablehnung gegen diese Sprachform. Hochdeutsch entwickeln die Kinder in der Schule vor allem dann, wenn die Lehrpersonen eines ganzen Schulhauses selbst in allen Situationen konsequent Hochdeutsch sprechen. Erst wenn die Kinder erkennen, dass eine Sprache oder Sprachform auch in angenehmen Situationen Gültigkeit hat und nicht nur spezielle Ansprüche (Korrektheit, Noten usw.) damit verbunden sind, akzeptieren sie diese Sprache als Beziehungssprache. In der Schule würde dies bedeuten, dass mundartsprachliche Äusserungen von den Kindern vor allem in den ersten Schuljahren toleriert werden, während die Lehrpersonen von Anfang an konsequent Hochdeutsch sprechen. Viele Schulprojekte zeigen, dass bei einem konsequenten Gebrauch der Hochsprache die Schülerinnen und Schüler diese Sprachvariante besser und ungezwungener lernen.

Das *Prinzip der freien Sprachwahl* auf der Kinderseite gilt in besonderem Maß auch in der mehrsprachigen Erziehung. Die Erwachsenen sollen möglichst *eine* Sprache verkörpern und konsequent benützen. Die Kinder sollen dagegen in der Sprachwahl frei sein. Bei Kleinkindern ergibt die Befolgung des Prinzips *eine Person – eine Sprache* zumindest in den ersten Jahren eine klare Trennung. Spätestens mit der zweiten Sozialisation, also im Kontakt mit der Umgebungssprache, können Änderungen eintreten. Viele Kinder beginnen im Kindergarten oder im Schulalter eine bestimmte Sprache zu bevorzugen. Eltern reagieren dann sehr oft verunsichert und befürchten, dass nun eine der Sprachen nicht weiterentwickelt wird. In solchen Fällen ist es umso wichtiger, das Prinzip der freien Sprachwahl für die Kinder einzuhalten, während die Eltern weiterhin das Prinzip *eine Person – eine Sprache* befolgen. Die Erstsprache kann sich auch zu einem späteren Zeitpunkt weiterentwickeln (siehe Fallbeispiel 5, Seite 82).

Zwingen Sie Ihr Kind nie, eine bestimmte Sprache zu benützen. Wenn Sie das Gefühl haben, dass sich eine Sprache zu wenig entwickelt, sorgen Sie dafür, dass Ihre Kinder mit Kindern in Kontakt kommen, die ausschließlich diese Sprache sprechen (zum Beispiel durch Reisen ins Zielsprachenland). Falls dies nicht möglich ist, sprechen Sie so konsequent wie möglich Ihre Sprache und lassen sie zu, dass das Kind so antwortet, wie es will. Vertrauen Sie darauf, dass sich die verweigerte Sprache irgendwann weiterentwickelt.

Tipp 11

In diesem Zusammenhang ist auch zu betonen, dass beide Elternteile und die anderen Bezugspersonen zu allen Sprachen, mit denen das Kind in Kontakt ist, eine positive Einstellung haben müssen. Alle Sprachen und Dialekte sind schön und wichtig. Es darf auf keinen Fall vorkommen, dass eine Sprache oder Sprachvariante als unwichtig oder hässlich taxiert wird. Kinder übernehmen schnell solche negativen Einstellungen von Erwachsenen, oft bleiben sie bei ihnen dann sehr lange oder fürs ganze Leben erhalten.

Tipp 12   Vermeiden Sie es, eine Sprache oder einen Dialekt als hässlich oder unwichtig zu bezeichnen. Vermitteln Sie Ihrem Kind möglichst eine positive Einstellung gegenüber allen Sprachen oder Sprachvarianten. Wenn Sie dies nicht können, dann enthalten Sie sich konsequent negativer Äußerungen gegenüber einer bestimmten Sprache oder Sprachvariante. Dies gilt natürlich auch für die Schulfremdsprachen.

Zeit und Qualität des Sprachenkontakts

Die Zeit ist ein wesentlicher Faktor für den Spracherwerb. Je länger ein Kind eine Sprache hört und benützt, umso besser lernt es diese. Studien über die Beziehungen zwischen Hochsprache und Mundart in der Deutschschweiz zeigen, dass Kinder, die im Vorschulalter viele Sendungen im deutschen Fernsehen gesehen haben, in der ersten Klasse Hochdeutsch viel besser verstehen als Kinder, die selten oder keinen Kontakt mit dem Fernsehen hatten. Das bedeutet nun nicht, dass es genügt, Kinder vor den Fernseher zu setzen und einen Sender mit einer bestimmten Sprache zu wählen. Die Studien zeigen lediglich, dass die Dauer des Sprachkontakts ein wichtiger Faktor für den Spracherwerb ist. Für die zweisprachige Erziehung bedeutet dies, dass in jeder familiären Sprachkonstellation darauf zu achten ist, dass der zeitliche Kontakt mit den Sprachen möglichst ausgeglichen ist. Nicht selten sind Fälle von Personen, die eine ihrer Erstsprachen (meist die Vatersprache) praktisch nicht mehr sprechen. So gibt es viele Menschen mit Migrationshintergrund, die zum Beispiel Gonzalez heißen, aber praktisch kein Wort Spanisch können. Die Gründe dafür sind bestimmt vielfältig, eine Ursache dafür ist sicher der mangelhafte oder total fehlende Kontakt mit dieser Sprache.

In der traditionellen Rollenverteilung zwischen Mann und Frau ist es offensichtlich, dass die Mutter mehr Zeit mit dem Kleinkind verbringt als der Vater. Wie können nun Kinder mehrsprachig werden, wenn die Kontakte mit dem Vater von Anfang an zeitlich beschränkt sind? Für den Erfolg ausschlaggebend ist jedoch nicht nur die Zeit, sondern auch die Qualität der sprachlichen Beziehung mit den Eltern. Die Zeit des Zusammenseins allein genügt nicht, wenn die kommunikativen Situationen zwischen Eltern und Kind sich nur auf Befehle und Anweisungen reduzieren. Selbstverständlich hat die Mutter in der traditionellen Rollenverteilung mehr Möglichkeiten, mit dem Kind zu sprechen (während des Einkaufens, auf dem Spielplatz, beim Kochen usw.). Wenn diese Zeit auch sprachlich genutzt wird, lernen die Kinder die Sprache der Mutter problemlos. Der Vater hat hingegen zeitlich beschränktere Möglichkeiten. Umso wichtiger ist es deshalb, dass er die zur Verfügung stehende Zeit effizient nutzt, etwa durch einen bewussten, spielerischen Sprachgebrauch am Abend und an den Wochenenden. Wenn der Vater sich auch nur wenige Stunden pro Woche dem Kind widmet, dabei aber nicht etwa fern sieht oder eine andere stumme Tätigkeit ausübt, sondern kleine Geschichten vorliest, Geschichten erfindet, Bilder beschreibt, mit Kasperlefiguren kleine Szenen spielt und Liedchen singt, dann wirkt dieser sprachliche Kontakt nachhaltig. Auch der Vater muss die Zeit finden, um mit dem Kind zusammen zu sein, wenn er nicht riskieren will, dass seine Sprache stark benachteiligt wird. Die Kinder bedauern später oft, die Sprache des Vaters als Kind nicht erworben zu haben. Ein wichtiger Bestandteil ihrer Identität scheint ihnen zu fehlen.

Einmal gelernte Sprachen können auch wieder verlernt werden, wenn das Kind beispielsweise vom fünften Lebensjahr an eine Sprache nicht mehr hört. Dies kann durch den Tod einer Bezugsperson oder durch die Scheidung der Eltern und damit durch den Kontaktverlust mit einem Elternteil geschehen. In diesen Fällen wird die Sprache im Laufe der Jahre im Gehirn allerdings nicht einfach ausgelöscht. Sie ist nach wie vor als Wissensbestand vorhanden, der jedoch nicht mehr zugänglich ist. Die betreffende Sprache wird nicht weiterentwickelt und sie ist nicht mehr nutzbar. Man weiß, dass diese Sprachen in Hypnosezuständen wieder aktiviert werden können. Die erwachsene Person spricht dann aber wie ein fünfjähriges Kind. Alle Sprachen, auch schulisch gelernte Fremdsprachen, müssen ständig genutzt werden, sonst werden sie rasch vergessen.

Tipp 13   Nehmen Sie sich die Zeit, um mit Ihrem Kind möglichst jeden Tag zusammen zu sein. Im Spiel und beim Erzählen ergeben sich wertvolle Sprachlernsituationen, die nachhaltig wirken. Auch wenige Stunden pro Woche können genügen, um eine Sprache von einer Bezugsperson zu lernen – vorausgesetzt, es handelt sich um angenehme und ungezwungene Kontakte.

Die Rolle der Geschwister

Neben den Eltern und den Großeltern spielen auch Geschwister eine wichtige Rolle für das mehrsprachige Aufwachsen. Die Forschung hat festgestellt, dass in zweisprachigen Familien vor allem die erstgeborenen Kinder eine ausgeglichene Sprachkompetenz aufweisen, während bei den folgenden Geschwistern die Kompetenz der Sprache(n) der Eltern stufenweise sinkt. Die Ursache dafür ist die Tatsache, dass unter Geschwistern in der Regel die Umgebungssprache zur Hauptsprache wird.

Fallbeispiel 3   ■ Beschreibung: Die Mutter ist Tochter von italienischen Migranten in Zürich, der Vater ist Deutschschweizer. Nach der Heirat lebt das Ehepaar ein Jahr in der Deutschschweiz und zieht danach nach Lugano. Der Vater lernt schnell und gut Italienisch. Mit der ersten Tochter sprechen die Eltern konsequent Zürichdeutsch, Großeltern und Verwandte im Tessin sprechen Italienisch. Während die erste Tochter relativ gute Deutschkenntnisse entwickelt, erreicht die um zwei Jahre jüngere Schwester ein etwas tieferes Niveau. In der Schule bauen beide Mädchen ihre Italienischkenntnisse aus und haben keine nennenswerten Probleme. In der Familie wird mit zunehmendem Alter der Kinder immer mehr Italienisch gesprochen. Nach neun Jahren folgt das dritte Kind, ein Junge.

Dieser wächst praktisch nur italienischsprachig auf, er hört relativ wenig Zürich-deutsch (vor allem vom Vater und den väterlichen Verwandten). Nach Abschluss der Maturität entscheiden sich die beiden ersten Töchter, ihr Studium in Zürich zu absolvieren. Beide haben keinerlei Probleme, die deutsche Sprache weiterzu-entwickeln, so dass in beiden Sprachen, Italienisch und Deutsch, eine sehr hohe Kompetenz erreicht wird.

- Interpretation: Die Eltern haben zu Beginn das Zürichdeutsche weitergepflegt. Mit der Zeit hat jedoch der Druck der Umgebungssprache Italienisch dazu geführt, dass sich diese Sprache zur Familiensprache entwickelt hat. Dadurch, dass offenbar seitens der Eltern den Töchtern gegenüber keinerlei Erwartungen gestellt wur-den, konnten sich beide Sprachen natürlich entwickeln. Die Basis für eine weitere Entwicklung des Deutschen nach der Maturität war vorhanden. Beim dritten Kind kann davon ausgegangen werden, dass es fast wie ein monolinguales Kind auf-gewachsen ist und das Deutsche in der Schule lernen musste.
- Schlussfolgerung: Die Eltern haben sich intuitiv richtig verhalten und keinerlei Ansprüche erhoben. Beim dritten Kind gestaltet sich der schulische Erwerb des Deutschen relativ einfach, denn der Junge hat immerhin schon Deutsch gehört und verstanden.

Die Rolle der Geschwister als Vermittler einer Sprache ist insofern ver-ständlich, als Kinder im Schulalter und Jugendliche sich stark an den Ver-haltensweisen und an der Sprache der Gleichaltrigen (*Peergroup*) orientie-ren. Das bedeutet, dass die Jugendsprache der Umgebung in der Regel auch zur Sprache der Geschwister wird. Die folgenden Tabellen veranschaulichen dieses Phänomen. Die Umgebungssprache ist jeweils die Sprache 2 und mit (+) und (−) wird die Sprachkompetenz bezeichnet.

Die Sprache der Geschwister in zweisprachigen Familien

Mutter	Vater	Geschwister 1	Geschwister 2	Geschwister 3
Sprache 1	Sprache 2	Sprache 1 (+)	Sprache 1 (+/−)	Sprache 1 (−)
		Sprache 2 (+)	Sprache 2 (+)	Sprache 2 (+)

Tabelle 8

Die Sprache der Geschwister in Emigrantenfamilien

Mutter	Vater	Geschwister 1	Geschwister 2	Geschwister 3
Sprache 1	Sprache 1	Sprache 1 (+)	Sprache 1 (+/−)	Sprache 1 (−)
		Sprache 2 (+/−)	Sprache 2 (+)	Sprache 2 (+)

Tabelle 9

Die Sprache der Umgebung wird also in hohem Maße von den Geschwistern und der Peergroup vermittelt. Die jüngeren Geschwister tendieren eindeutig zu einer stärkeren Kompetenz in der Umgebungssprache und zu einer eher schwächeren Kompetenz der Erstsprache. Diese Entwicklung ist absolut normal. Die Stärkung der Erstsprache kann in solchen Fällen nur durch den Kontakt mit Gleichaltrigen im Herkunftsland erfolgen, zum Beispiel in den Ferien.

Tipp 14 Planen Sie zumindest einen Teil Ihrer Ferienaufenthalte im Heimatland auch außerhalb des Familienkreises. Auf Campingplätzen oder in Feriendörfern finden sich Jugendliche schnell in Gruppen und die Erstsprache wird von Ihren Kindern auch als Sprache einer Peergroup erfahren. Oft ergeben sich Brieffreundschaften (via SMS oder E-Mail), die für den Erhalt und die Weiterpflege der Erstsprache sehr wertvoll sind.

3.3 Wie sollen sich Eltern verhalten, die selber zweisprachig sind?

Auf Seite 58 ff. wurde dargelegt, wie wichtig es für eine erfolgreiche mehrsprachige Erziehung ist, dass die Bezugspersonen in den ersten Lebensjahren des Kindes je nur eine Sprache verkörpern. Das Prinzip «eine Person – eine Sprache» stellt vor allem jene Eltern vor Probleme, die selber auch zweisprachig sind und beide Sprachen als ihre Beziehungssprachen bezeichnen. Tatsächlich ist der Fall nicht selten, dass eine Person sich in zwei Sprachen absolut wohl fühlt und beide Sprachen als Sprachen ihrer Gefühle bezeichnet, auch wenn sie nicht beide Sprachen auf einem erstsprachlichen Niveau beherrscht.

Auch für zweisprachige Eltern gilt in den ersten Lebensjahren ihres Kindes die Grundregel *eine Person – eine Sprache*. Bei der Wahl der Sprache muss seitens der Eltern das Kriterium «Beziehungssprache» im Vordergrund stehen. Man wählt am besten diejenige Sprache, die man in einer Liebesbeziehung bevorzugen würde, oder pointiert ausgedrückt: die Liebessprache. Allerdings gibt es auch Ausnahmen, die genauer betrachtet werden müssen. Die folgende Tabelle zeigt beispielhaft einige Kombinationen auf, in denen ein Elternteil zweisprachig ist.[14]

Fall	Vatersprache 1	Vatersprache 2	Muttersprache	Umgebungssprache
1	Deutsch	Italienisch	Deutsch	Deutsch
2	Deutsch	Griechisch	Spanisch	Deutsch
3	Spanisch	Englisch	Deutsch	Deutsch
4	Englisch	Französisch	Italienisch	Deutsch

Tabelle 10

■ *Fall 1*

Wenn ein Elternteil eine zusätzliche Sprache einbringen kann, ist das die minimale Voraussetzung für eine zweisprachige Erziehung. In Fall 1 entwickelt sich das Italienische in der Regel zur eher schwachen Sprache – vor allem dann, wenn die Familiensprache ebenfalls Deutsch ist. Die Tatsache, dass das Kind unter Umständen sehr wenig mit dem Vater Italienisch spricht, sollte jedoch kein Grund sein, die Bemühungen für eine zweisprachige Erziehung aufzugeben. Auch eine Verstehenskompetenz in einer Sprache ist sehr viel wert. Es ist besser, die Vatersprache zu verstehen, als überhaupt keine Beziehung zu ihr zu haben. Die Eltern müssen sich zudem bewusst sein, dass die Vatersprache durch Kontakte mit anderen Personen gezielt verstärkt werden muss. Insofern ist dem Vater in einer solchen Situation zu empfehlen, mit dem Kind von Geburt an Italienisch zu sprechen.

■ *Fall 2*

Die Eltern haben die Möglichkeit, das Kind dreisprachig aufwachsen zu lassen. Das Kind lernt von der Mutter Spanisch als Erstsprache. Die Wahl des Griechischen als zweite Erstsprache (Vatersprache) ist dann sinnvoll, wenn Möglichkeiten für einen intensiven Kontakt zur Vatersprache gegeben sind, zum Beispiel durch häufige Betreuung des Kindes durch den Vater, durch andere Griechisch sprechende Bezugspersonen oder wenn Griechisch die Familiensprache ist. Wenn dagegen damit zu rechnen ist, dass der Vater nur sporadisch mit dem Kind zusammen sein kann, ist es sinnvoller, als Vatersprache die Ortssprache zu vermitteln. Das Kind wächst zweisprachig auf und wird die griechische Sprache später als Fremdsprache lernen können, wenn dazu die Motivation besteht.

■ *Fall 3*

In dieser Sprachkonstellation bleibt dem zweisprachigen Elternteil nichts anderes übrig, als sich für die eine oder die andere Sprache zu entscheiden. Bei der Wahl der Sprache sollten jedoch nicht ökonomische Kriterien vom Typ «Englisch ist wichtiger» im Vordergrund stehen, sondern die Möglichkeiten des Sprachkontakts. Wenn die Familiensprache Deutsch ist und die Familie zudem einen intensiven Kontakt mit spanischsprachigen Familien pflegt, dann sollte der Entscheid demzufolge auf das Spanische fallen. Englisch können Kinder im Schulalter auch als Fremdsprache lernen. Wenn allerdings die Familiensprache Englisch ist und keine weiteren Kontakte zum Spanischen möglich sind, dann sollte der Vater sich für das Englische entscheiden.

■ *Fall 4*

Hier gilt das Gleiche wie im Fall 3. Nur wächst hier das Kind nicht zwei-, sondern dreisprachig auf.

In Familien, in denen beide Elternteile perfekt zweisprachig sind, ist die Situation etwas komplizierter. Die folgende Tabelle zeigt mögliche Kombinationen auf.

Fall	Vater-sprache 1	Vater-sprache 2	Mutter-sprache 1	Mutter-sprache 2	Umgebungs-sprache
5	Deutsch	Italienisch	Deutsch	Italienisch	Deutsch
6	Spanisch	Englisch	Deutsch	Englisch	Deutsch
7	Deutsch	Englisch	Spanisch	Katalanisch	Deutsch
8	Englisch	Französisch	Italienisch	Spanisch	Deutsch

Tabelle 11

■ *Fall 5*
Die Eltern haben die Möglichkeit, das Italienische als Erstsprache zu vermitteln, auch wenn ihre Beziehungssprache Deutsch oder wahlweise Deutsch und Italienisch ist. Die Sprache zwischen den Eltern spielt zumindest in den ersten zwei Lebensjahren eine untergeordnete Rolle. Wichtig ist, dass die Eltern mit dem Kind konsequent Italienisch sprechen.

■ *Fall 6*
In diesem Fall ist eine dreisprachige Erziehung möglich. Der Vater müsste konsequent Spanisch und die Mutter Englisch sprechen. In einem solchen Fall ist die Beziehungssprache zwischen den Eltern mit größter Wahrscheinlichkeit Englisch und das Kind würde somit in den ersten vier Jahren mehr Englisch als Spanisch lernen. Mit dem Eintritt in den Kindergarten käme die Zweitsprache Deutsch dazu. Die schwache Sprache Spanisch könnte in der Entwicklung soweit zurückbleiben, dass das Kind lediglich Verstehenskompetenzen hat.

■ *Fall 7*
Auch hier besteht theoretisch die Möglichkeit, das Kind dreisprachig zu erziehen. Dies ist vor allem dann sinnvoll, wenn die Beziehungssprache der Eltern Englisch ist. Auf jeden Fall muss sich die Mutter für die eine oder andere Sprache entscheiden.

■ *Fall 8*

Auch wenn die Eltern insgesamt vier verschiedene Sprachen als Erstsprachen sprechen, besteht keine Möglichkeit, das Kind fünfsprachig
zu erziehen. Beide Eltern müssen sich für eine Sprache entscheiden.
Auch hier gilt das Prinzip, dass Sprachen nicht aus ökonomischen Grün-
den gewählt werden, sondern vor allem nach dem Kriterium der möglichen Kontakte. Ist die Beziehungssprache zwischen Mutter und Vater
Französisch, so ist es sinnvoller, wenn der Vater sich für das Französische
entscheidet. Das Gleiche gilt natürlich auch für das Englische.

Das Dilemma der Secondos als Eltern

Die zweite Generation von Migranten, die im deutschsprachigen Raum
aufgewachsen ist, spricht in den meisten Fällen sowohl Deutsch als auch
die Sprache ihrer Eltern. Kennzeichnend für die zweite Generation von
Ausländern ist ihre bikulturelle und bilinguale Identität. Sie fühlen sich
weder vollständig als beispielsweise Schweizer, noch vollständig als Italiener. Negativ ausgedrückt könnte man sagen, sie sind weder das eine noch
das andere. Positiv ausgedrückt könnte man aber auch sagen, sie sind eine
Synthese von beidem und insofern sowohl Italiener als auch Schweizer. Die
Vorstellung von einer eindimensionalen Zuordnung von Person-Nation-
Sprache entspricht nicht mehr der heutigen weltweiten Entwicklung.

Im Sprachverhalten zeigt sich dieses Sowohl-als-auch durch die ausgeprägte Fähigkeit, die zwei Sprachen zu mischen. Unter ihresgleichen
sprechen diese Menschen meist ein Gemisch von Erst- und Zweitsprache.
Diese Sprachmischungen entwickeln sich zunächst im Familienkreis unter
Geschwistern. Sobald in der unmittelbaren Umgebung genügend Jugendliche vorhanden sind, die die gleiche Erstsprache sprechen, kann sich diese
Mischsprache auch zur Sprache der Peergroup entwickeln.

Was etwa die Italiener in der Deutschschweiz betrifft, so waren in den
1970er-Jahren italienisch-deutsche Mischsprachen nur auf das familiäre
Umfeld beschränkt. Erst zu Beginn der 1980er-Jahre, als der soziale Status
der italienischen Migranten und damit das Prestige des Italienischen rasant anwuchs, breitete sich die italienisch-deutsche Mischsprache auch auf
die Peergroups aus. Italienische Jugendliche, die so genannten Secondos,

erhoben die Mischsprache zum Merkmal ihrer Identität, zu einem Soziolekt. In den ausgehenden 1980er-Jahren und in den 1990er-Jahren wurden zunehmend auch die Mischsprachen Deutsch–Spanisch, Deutsch–Türkisch und Deutsch–Serbisch/Kroatisch zu Sprachen der jeweiligen Peergroup. Bei Sprachen kleinerer Migrationsgemeinschaften, wie beispielsweise dem Tamil, Portugiesisch oder Griechisch, kommen Mischsprachen zwar im Familienkreis vor, sie entwickeln sich aber nur gelegentlich zu Soziolekten.[15] Solche Mischsprachen wirken sich weder für die sprachliche noch für die kognitive Entwicklung der Kinder und Jugendlichen negativ aus.

Wenn zwei Secondos mit der gleichen Herkunftssprache Eltern werden, können einige Probleme bei der Spracherziehung des Kindes entstehen. Die Beziehungssprache des Paares ist in der Regel die Mischsprache und beide Sprachen spielen im Leben der angehenden Eltern eine wichtige Rolle. Als zweisprachige Personen sind sie sich bewusst, wie wichtig die Sprache ist, aber sie wissen oft nicht, wie sie ihre beiden Sprachen vermitteln können. Viele Eltern entscheiden sich dann für die einsprachige Lösung und sprechen mit ihren Kindern die dominante Umgebungssprache mit der Begründung, dass die Kinder dadurch in der Schule weniger Probleme haben, und in der Hoffnung, dass die Herkunftssprache durch die Großeltern und Verwandten vermittelt wird.

Wenn die Kontakte mit den Verwandten intensiv sind, könnte sich eine gute Zweisprachigkeit entwickeln. Beschränken sich die Kontakte aber auf gelegentliche Besuche, so besteht kaum eine Chance, die Herkunftssprache über rudimentäre Verstehenskompetenzen hinaus zu entwickeln. In der dritten Generation der Migranten ist der Verlust einer Sprache ein häufig anzutreffendes Phänomen.

■ Beschreibung: Die Eltern sind Kinder von Migrierten aus Italien. Sie sind beide in   Fallbeispiel 4
Bern geboren und zweisprachig (Deutsch und Italienisch). Als Jugendliche haben
beide Eltern mit den anderen italienischsprachigen Jugendlichen eine Mischsprache gesprochen. Auch in ihrer Heimat und vor der Geburt ihrer Kinder haben
die Eheleute sehr oft Italienisch und Deutsch gemischt. Dieses Sprachverhalten

wenden sie auch nach der Geburt des ersten Kindes an, obschon bei den Eltern die Absicht besteht, in der Familie Italienisch zu sprechen. Das erste Kind beginnt relativ früh zu sprechen, spricht allerdings vom ersten bis zum dritten Lebensjahr praktisch nur in Einwortsätzen. Beim Eintritt in den Kindergarten ergeben sich die ersten sprachlichen Probleme. In den ersten sechs Monaten verhält sich das Kind sehr still und spricht praktisch nicht. Erst im zweiten Kindergartenjahr spricht das Kind Deutsch. Beim zweiten Kind verläuft der Spracherwerb ähnlich wie beim ersten Kind. Beide Kinder haben beim Übertritt vom Kindergarten in die Grundschule größere sprachliche Schwierigkeiten und müssen zusätzlich gefördert werden.

- Interpretation: Die Mischsprache ist für die Eltern die Beziehungssprache. Sprachmischungen folgen jedoch keiner fixen Regel und ein Kleinkind kann sich darin schlecht orientieren. Gleiche Objekte und Situationen werden mit unterschiedlichen Ausdrücken bezeichnet. Die zwei Kinder haben somit sprachretardierende Umstände erfahren, die zu schulischen Problemen führen können.

- Schlussfolgerung: Zweisprachige Eltern sollten sich vor der Geburt ihrer Kinder für eine Sprache entscheiden, wenn sie mögliche Spracherwerbsschwierigkeiten vermeiden wollen. Die schulischen Probleme der beiden Kinder können nur behoben werden durch eine intensive und nachhaltige Spracharbeit mit den Kindern in beiden Sprachen. Sobald dem Kind einerseits bewusst ist, dass es zwei Sprachen lernt, und es andererseits fähig wird, Erwerbsstrategien in beiden Sprachen zu nutzen, werden sich die zwei Sprachen zu einer ausgeglichenen Zweisprachigkeit entwickeln.

3.4 Korrigieren oder nicht?
Der Umgang mit Fehlern

Am Anfang des Kapitels 3 wurde aufgezeigt, auf welche Weise Kinder eine Sprache lernen. Die Tatsache, dass dabei Fehler produziert werden, ist ein absolut normales Phänomen. Alle Kleinkinder, ob ein- oder zweisprachig, produzieren während ihres Spracherwerbsprozesses viele, teilweise auch amüsante Fehler, die sich aber im Laufe der ersten fünf bis sieben Lebensjahre gleichsam von selbst auflösen. Die Eltern helfen den Kindern in der Regel auf natürliche Weise, indem sie gewisse Fehler fast beiläufig verbessern. Für eine optimale zweisprachige Erziehung ist jedoch ein bewusstes Korrekturverhalten grundlegend.

Zu einem erfolgreichen Spracherwerb trägt ein entspanntes Klima zu Hause sehr viel bei. Spannungen und ständige Streitereien können den Spracherwerb der Kinder negativ beeinflussen, denn einerseits erfährt das Kind die Sprache nicht primär als Kommunikationsmittel für das Zusammensein, sondern als Instrument für die emotionsgeladene Auseinandersetzung. Andererseits aktzeptiert das Kind Korrekturen in emotionsgeladenen Situationen ungern.

In einer normalen und entspannten Beziehung zwischen Erwachsenen und Kindern entwickelt sich häufig eine eigene Familiensprache, die spezielle Ausdrücke aus der Kindersprache oder aus gemeinsamen Erlebnissen enthält. Oft ist es bei Kleinkindern auch so, dass nur gerade die Eltern verstehen, was das Kind meint. Solche Familiensprachen sind absolut normal und sollten von den Eltern durch Korrekturen nicht behindert werden.

In den ersten Lebensjahren (von der Geburt an bis drei Jahre) ist die Kommunikation zwischen Kind und Vater bzw. zwischen Kind und Mutter besonders wichtig. Der Schwerpunkt liegt dabei auf dem Inhalt der Rede des Kindes und nicht in der Art und Weise, wie es sich ausdrückt. Es ist klar, dass das Kind Fehler produziert, aber es wäre absolut falsch, wenn die Bezugspersonen das Kind andauernd unterbrechen würden, um falsche Formen zu korrigieren. Die Kinder finden allein den richtigen Weg, ihre Sprache zu entwickeln, die Eltern müssen lediglich vielfältige Möglichkeiten des miteinander Sprechens bieten und behutsam auf einzelne

Fehler reagieren. Es genügt, wenn die Bezugsperson beiläufig die richtige Form wiederholt.

Oft sind viele Eltern verzweifelt, wenn ihre Kinder keine der zwei Sprachen «rein» sprechen und viele Mischsätze auftauchen. Auch hier braucht es Geduld und es genügt, wenn die Eltern ganz einfach das entsprechende Wort in der gerade benützten Sprache erwähnen:

Kind: *Papi, mi puoi leggere il Buch?*
         (Papi, kannst du mir das Buch vorlesen?)
Vater: *Va bene, adesso ti leggo il libro.*
         (Ok, jetzt lese ich dir das Buch vor)

Wahrscheinlich wird das Kind das Wort *Buch* in italienischen Sätzen weiter verwenden, aber wenn der Vater oder die Mutter das oben erwähnte Prinzip konsequent einhalten, wird es später sicher den richtigen Ausdruck im richtigen Moment brauchen können, das heißt es wird gegenüber einer nur italienischsprechenden Person nur italienische Wörter wählen.

Korrekturverhalten beim Zweitspracherwerb

Der Erwerb einer Zweitsprache erfolgt wie bereits dargelegt in der außerfamiliären Umgebung, also vor allem in Kindertagesstätten, Kindergarten und Schule. Normalerweise braucht ein Kind zwei bis drei Jahre, um in der Zweitsprache ein altersgemäßes erstsprachliches Niveau zu erreichen. Beginnt der Zweitspracherwerb im Vorschulalter, ist noch genug Zeit vorhanden, um bis zum Schuleintritt bzw. bis zu den ersten Schuljahren die Sprache mündlich zu lernen. Auch für Betreuungs- und Lehrpersonen gilt das gleiche Korrekturverhalten wie oben beschrieben, also das beiläufige Wiederholen des korrekten Satzes oder des korrekten Wortes.

Anders sieht es allerdings aus, wenn die Zweitsprache im Schulalter erworben wird, denn nun wird die Sprache sowohl mündlich als auch schriftlich erworben. Der Schulunterricht fordert von den Kindern höhere Kompetenzen im Verstehen und Sprechen. Parallel dazu werden auch die Kompetenzen im Schreiben und im Lesen stufenweise entwickelt. Ab einer gewissen Stufe werden die sprachlichen Leistungen der Kinder zudem bewertet. Da nun Kinder, die ihren Zweitspracherwerb noch nicht abgeschlossen haben, überdurchschnittlich viele Fehler produzieren, sehen sich Lehrpersonen vor ein großes Problem gestellt. Soll der schriftliche Text eines fremdsprachigen Kindes gemäß dessen eigenem Fortschritt oder gemäß der zielsprachlichen Norm bewertet werden? Eine Bewertung gemäß den individuellen Fortschritten wäre zwar pädagogisch richtig für das einzelne Kind, jedoch fragwürdig in Bezug auf die anderen Kinder in der Klasse und entspricht nicht den gesetzlichen Grundlagen für die Erteilung der Noten. Warum sollte ein fremdsprachiges Kind weniger streng bewertet werden, wenn es doch viele Fehler in seinem Text hat? Aus diesem Grund werden die Sprachleistungen von fremdsprachigen Kindern, die im Schulalter die Zweitsprache lernen, in den meisten Schulgemeinden während den ersten ein bis zwei Jahren nicht beurteilt.

Bei Kindern und Jugendlichen mit fortgeschrittenen Kenntnissen der Zweitsprache, die also seit mehr als drei Jahren Deutsch lernen, ergeben sich für die Lehrpersonen Probleme in der Bewertung vor allem von schriftlichen Texten. Viele dieser Schülerinnen und Schüler können zwar recht gute Texte schreiben, ihre Rechtschreibung und die grammatischen Formen sind jedoch noch fehlerhaft. In diesen Fällen ist es wichtig, dass die Lehrperson aufgrund des Textaufbaus und der Gedankengänge, die ein Kind schriftlich formulieren kann, das Lernpotenzial einschätzen kann und den Textinhalt höher bewertet als die Form. Mit einem intensiven Schreibtraining und einem differenzierten und gezielten Korrekturverhalten seitens der Lehrperson können fortgeschrittene Lernende ihre Fehler schrittweise beheben.

Mit dem folgenden Textbeispiel von einem zwölfjährigen Mädchen aus Kosova soll das differenzierte Korrekturverhalten skizziert werden. Das Mädchen lernt seit einem Jahr Deutsch. Beim Text handelt es sich um einen Ausschnitt aus dem Montagstext, den die Lehrerin regelmäßig nach dem Wochenende schreiben ließ.

Wenn die Lehrperson bei der Korrektur alle Fehler im Text anstreicht, ist dem Kind wenig geholfen. Es weiß dann zwar, was falsch ist, es weiß aber nicht, was es lernen soll. Tatsächlich ist es für einen Menschen unmöglich, alle Fehler in seiner Interimssprache auf einmal zu verbessern. Bei Texten, die ausschließlich zwischen Lehrperson und Schüler/in bleiben, ist es daher sinnvoller, nur gerade diejenigen Fehlertypen anzu-

Mein Wochenende
Am Samstag mit Edona und ich haben
wir in Migros gegangen ein Kaufen.
und dann zurück zu Hause und fenseher
geschaun und geschriben, Ich habe mit minen
Familie bei meine Ongel gegangen.
Ich habe mit Shahe in Schwanden
Velo gefaren. Ich habe mit Bruder
und Gusin und Gusine gehören Musik.
Ich habe mit Kollegin gespielt mit
fussboll und Tenisé und dann Zurück zu Hause fenseher geschaun
und dann gelesen.

streichen, an denen in den nächsten Wochen gearbeitet werden soll. Im obigen Beispiel könnten die Satzstruktur und die Perfektformen «bin ... gegangen, gefahren» usw. angeschaut werden. Durch ein gezieltes Sprachtraining zum Satzbau und zum Perfekt sowie durch das Aufschreiben der entsprechenden Regeln in einem Regelheftchen wird die Aufmerksamkeit der Schülerin während einer bestimmten Zeit auf eine begrenzte Anzahl von sprachlichen Schwierigkeiten gelenkt. Die Schülerin kann sich so auf die behandelten Fehlertypen konzentrieren und eine Verbesserung ist in der Regel bereits nach wenigen Wochen sichtbar. Diese Art der Fehlerkorrektur nennt man pädagogisches Korrigieren. Es berücksichtigt die interimssprachliche Entwicklung (siehe Seite 45ff.) und trägt dazu bei, dass die Schülerin in nützlicher Frist die nächste interimssprachliche Stufe erreicht.

Anders sieht es natürlich aus bei Texten, die in irgend einer Form veröffentlicht werden sollen (zum Beispiel in einem Geschichtenheft für Mitschüler/innen, in einer Wandzeitung, in einer Schulzeitschrift, in einem Bewerbungsbrief für eine Schnupperlehre). Hier muss auch das fremdsprachige Kind wissen, dass nur vollständig korrigierte Texte publiziert werden sollen. Aus diesem Grund ist ein schrittweises Überarbeiten des Textes angebracht.

Ein differenziertes Korrekturverhalten kann jedoch bei der Schülerin und den Eltern auf Unverständnis stoßen. Aus den eigenen schulischen Erfahrungen erwarten Kinder und Erwachsene eine vollständige Korrektur für jeden Text. Ein von der Lehrperson selektiv korrigierter Schülertext, in dem viele Fehler nicht angestrichen sind, kann daher den Verdacht nahelegen, die Lehrperson sei inkompetent oder mache ihre Arbeit nur oberflächlich. Diesem Eindruck muss mit einer genauen Information der Schüler/innen und deren Eltern entgegengewirkt werden.

Wenn eine Lehrperson mehrere fremdsprachige Kinder unterrichtet, ist es sinnvoll, für jedes Kind eine Karteikarte zu führen, auf der die aktuell bearbeiteten Fehlertypen und die aufgetragenen Übungen mit Datum notiert werden. Diese Karte gleicht somit einer Trainingskarte in einem Fitness-Zentrum. Bei der Korrektur eines Textes nimmt die Lehrperson die entsprechende Karte hervor und korrigiert den Text zunächst gemäß den Fehlertypen, die zur Zeit behandelt werden. Haben sich diese Fehler wesentlich verbessert, werden neue Fehlertypen angegangen. Wichtig dabei ist, dass nicht mehr als zwei bis drei Fehlertypen auf einmal bearbeitet werden. Mehr kann nicht bewältigt werden.

Ebenso wichtig ist, dass die gewählten Fehlertypen sehr unterschiedlich sind. Aus vielen Untersuchungen zur Rechtschreibung weiß man heute, dass das gleichzeitige und kontrastive Üben von ähnlichen Elementen nur Verwirrung stiftet. Wenn zum Beispiel Wörter mit «ah» (Wahl, Kahn, sah) zusammen mit Wörtern, die ein «aa» enthalten (Saal, Aal, Aarau), geübt werden, wissen die meisten Kinder am Schluss genauso viel wie vorher und schreiben im nächsten Diktat vielleicht «Waal» und «Sahl». Bei diesem lernpsychologischen Phänomen spricht man von *Ähnlichkeitshemmung*. Ähnliche Elemente, wie zwei ähnliche Telefonnummern, die Namen von Zwillingen oder eben zwei ähnliche Schreibweisen, sind immer sehr schwierig auseinander zu halten. Ähnliche Elemente sollten deshalb zeitlich getrennt gelernt und geübt werden. Leider gibt es sowohl für die Grammatik als auch für die Rechtschreibung noch massenhaft Lehrmaterialien, die diesem lernpsychologischen Prinzip nicht Rechnung tragen und Übungsreihen von ähnlichen Elementen in groteskem Ausmaß anbieten.

3.5   Wenn Probleme auftauchen

Im folgenden Kapitel werden einige ausgewählte Probleme in der mehrsprachigen Erziehung behandelt. Dabei ist zu betonen, dass Störungen der Sprachentwicklung sehr vielfältige Ursachen haben, die hier nicht voll umfänglich behandelt werden können. Für eine vertiefte Auseinandersetzung mit Sprachentwicklungsstörungen verweisen wir auf die spezialisierte Literatur (siehe zum Beispiel www.eltern.ch). Sprachentwicklungsstörungen verunsichern mehrsprachig erziehende Eltern oft in besonderem Maß und es können Zweifel aufkommen, ob das Kind durch die zwei Sprachen nicht überfordert wird. In den meisten Fällen wird dann als Konsequenz vorschnell auf die Weiterführung der mehrsprachigen Erziehung verzichtet.

Verspätetes Sprechen

Ein häufiges Sprachentwicklungsproblem ist das späte Sprechen. Einsprachig aufwachsende Kinder beginnen mit dem Sprechen im Alter zwischen neun Monaten und zwei Jahren. Bei Kindern, die mit mehr als einer Erstsprache aufwachsen, kann sich diese Zeitspanne bis zu einem halben Jahr verschieben. Wenn also das mehrsprachig aufwachsende Kind im Alter von eineinhalb bis zwei Jahren noch nicht spricht, ist dies kein Grund, die mehrsprachige Erziehung aufzugeben. Vielmehr sollten sich die Eltern überlegen, ob in der Familie das Prinzip *eine Person – eine Sprache* wirklich befolgt wird und ob das Kind die zwei Sprachen auch in entspannten, vielfältigen Kommunikationssituationen erlebt. Viele Kinder brauchen mehr Zeit, um die ersten Ausdrücke zu formulieren. Was aber alle Kinder benötigen, ist eine reiche und klare Sprachumgebung. Bei einer deutlich verspäteten Entwicklung des Sprechens ist es jedoch auf alle Fälle empfehlenswert, eine Fachperson zu Rate zu ziehen.

Tipp 15   Verspätetes Sprechen ist durchaus normal. Denken Sie daran, dass es auch manche einsprachige Kinder gibt, die spät sprechen lernen. Überprüfen Sie den Sprachgebrauch in der Familie und halten Sie sich strikt an die Regel «eine Person – eine Sprache». Lassen Sie sich gegebenenfalls von einer Fachperson beraten.

Verweigerung einer der zwei Sprachen

Sowohl beim Erwerb von mehr als einer Erstsprache als auch beim Zweit-spracherwerb kann es dazu kommen, dass eine der Sprachen vom Kind verweigert wird. Obschon das Kind die verweigerte Sprache eigentlich versteht, spricht es sie nicht. Auch diese Entwicklung kann vielfältige Ursachen haben. Im Folgenden werden lediglich die zwei häufigsten Fälle beschrieben.

Einer der häufigsten Gründe ist die Qualität und die Menge des Sprachkontakts. Es kann vorkommen, dass Kinder die Sprache des Vaters nicht akzeptieren, weil diese Sprache zu wenig in entspannten und spiele-rischen Momenten erlebt wird. Zwar wünscht sich der Vater, dass das Kind auch seine Sprache spricht, er trägt aber selbst wenig dazu bei, um sie in den ersten drei Lebensjahren zu vermitteln. Die Kleinkinder erleben den Vater in sporadischen Situationen und meistens in Anwesenheit der Mut-ter und sie merken bald einmal, dass er sich sprachlich anders verhält als die Mutter. Bevor sich ein Bewusstsein für Sprachen entwickelt, also vor dem vierten bis fünften Lebensjahr, können die Kinder in solchen Fällen die Sprache des Vaters gar als ein abnormales Verhalten wahrnehmen und es können sogar Beziehungsstörungen auftreten. Das Kind verweigert dann nicht nur die Sprache des Vaters, sondern fürchtet sich sogar vor ihm. Zwar «fremdeln» alle Kinder gegenüber Personen außerhalb der Familie, wenn dies aber in der mehrsprachigen Erziehung gegenüber dem Vater geschieht, kann das auch mit dessen Sprache und dem mangelnden Sprachkontakt zu tun haben. Spätestens nach dem fünften Lebensjahr versteht das Kind, dass der Vater eine andere Sprache spricht, und das Beziehungsproblem löst sich meist von selbst. Allerdings hat das Kind nur rudimentäre Verstehenskompetenzen aufgebaut und es kann die Sprache auch weiterhin nicht sprechen.

Die Verweigerung der Erstsprache und die ausschließliche Bevorzugung der Zweitsprache kommt oft bei jüngeren Geschwistern vor. Wie auf Seite 66 ff. bereits ausgeführt, lernen die jüngeren Geschwister die Erstsprache in der Regel weniger gut als die Erstgeborenen. Vor allem bei einem Alters-unterschied von vier oder mehr Jahren kann das jüngere Kind die Zweit-sprache als eigentliche Erstsprache erleben, wenn die älteren Geschwister mit ihm von Geburt an vor allem die Zweitsprache benutzen.

Der folgende Fall zeigt jedoch auf, dass die Verweigerung der Erstsprache nicht unbedingt nur bei den jüngeren Geschwistern vorkommt.

Fallbeispiel 5

■ Beschreibung: Das akademische Ehepaar lebt in Köln und kommt aus Israel. Die Eltern sprechen mit der ersten Tochter konsequent Hebräisch (Iwrith) zu Hause. Das Kind spricht Hebräisch bis zum Eintritt in den Kindergarten. In der Grundschule beginnt das Mädchen Hebräisch zu verweigern und spricht konsequent nur noch Deutsch mit den Eltern. Die um vier Jahre jüngere Schwester spricht Hebräisch und Deutsch. Die Eltern beharren auf der Familiensprache und tun alles, um die erste Tochter dazu zu bringen, in der Familie Hebräisch zu sprechen. Die zwei Mädchen sind in der Schule erfolgreich und besuchen beide das Gymnasium. Die erste Tochter spricht praktisch kein Hebräisch mehr, während die zweite zweisprachig wird. Bei einem Aufenthalt in Israel verliebt sich die erste Tochter in einen Israeli, sie ist jetzt 19 Jahre alt. Mit ihrem Freund beginnt sie Hebräisch zu sprechen. Nach der Rückkehr nach Deutschland beobachten die Eltern, wie die Tochter, die früher Hebräisch verweigerte, am Telefon mit ihrem Freund fließend Hebräisch spricht.

■ Interpretation: Die erste Tochter spürt schon sehr früh den starken Wunsch der Eltern, Hebräisch als Familiensprache durchzusetzen. Beim Eintritt in den Kindergarten und später in die Grundschule will sie so sein wie alle andern. Das drückt sich darin aus, dass sie die Sprache der anderen Kinder übernimmt und die Sprache der Eltern verweigert. Die zweite Tochter verspürt diesen Druck weniger, da sie mit ihrer Schwester Deutsch sprechen kann.

■ Schlussfolgerung: Es ist wichtig und richtig, dass die Familiensprache bei den Kindern als Sprache des Herzens erlebt wird. Dies darf allerdings nicht durch Zwang erreicht werden, sondern durch steten Gebrauch durch die Eltern. Die Kinder sollen die Freiheit haben, die Sprache zu sprechen bzw. zu benützen, zu der sie sich hingezogen fühlen. Die Eltern müssen diesbezüglich flexibel sein, ohne jedoch ihre Familiensprache zu verlassen. Das Beispiel zeigt jedoch, dass die erstsprachliche Kompetenz in Hebräisch nicht verschwunden ist, auch wenn das Kind die Erstsprache zeitweise verweigert hat, und dass sie mit entsprechender Motivation schnell reaktiviert werden kann.

Falls eine der zwei Erstsprachen verweigert wird, denken Sie darüber nach, wie oft und in welchen Situationen das Kind die zwei Sprachen erlebt hat. Verlangen Sie auf keinen Fall, dass das Kind die verweigerte Sprache spricht. Begnügen Sie sich damit, dass die verweigerte Sprache verstanden wird. Sorgen Sie aber für vielfältige und angenehme Situationen, in denen die verweigerte Sprache ganz natürlich vorkommt (zum Beispiel durch Ferien im Herkunftsland, durch Kontakte mit anderen Familien, die diese Sprache sprechen).

Tipp 16

Stottern

Eltern verfolgen Störungen der Sprechflüssigkeit ihres Kindes oft mit Sorge. Auf beginnendes Stottern reagieren sie häufig mit wohl gemeinten Aufforderungen: «Sprich langsamer!» – «Denk erst nach, bevor du was sagst!» – «Hol vor dem Reden tief Luft!» In der Regel helfen solche Techniken wenig. Die Ermahnungen machen dem Kind erst richtig bewusst, dass es eine Sprachstörung hat. Die Folge davon ist eine zunehmende Angst vor dem Sprechen. Das Kind beginnt, Wörter, an denen es hängen bleibt, durch «leichtere» zu ersetzen. Es bricht mitten im Wort ab oder verschluckt Silben und Wörter. Es hört auf zu reden, sobald es seine vertraute Umgebung verlässt, oder antwortet nur noch mit «Weiß nicht».

Im Alter von drei bis fünf Jahren ist Stottern ein bekanntes Phänomen vor allem bei Knaben. Tatsächlich stottern in diesem Alter gut zwei Prozent der Knaben – unabhängig von Ein- oder Mehrsprachigkeit – und in den meisten Fällen dauert die Stotter-Periode ein bis zwei Jahre. Danach löst sich das Problem durch den Reifungsprozess gleichsam von selbst. Für die Entwicklung des Stotterns spielt die genetische Disposition eine wichtige Rolle. Stottern tritt in vielen Fällen familiär gehäuft auf. Hinzu kommen minimale neurophysiologische Störungen und eine Reifungsverzögerung im Gehirn. Neuere Untersuchungen belegen außerdem, dass bei Stotterern die Arbeitsteilung der Hirnzentren, die die Sprachprozesse steuern, nicht klar geregelt ist. Zentren in der rechten Gehirnhälfte sind zu stark beschäftigt, andere in der linken dagegen zu wenig, weshalb Verwirrungen im feinen Zusammenspiel von Atmung, Lautbildung und Artikulation entstehen.

Fallbeispiel 6

■ Beschreibung: Der Vater ist Sohn von italienischen Migrierten und in Zürich aufgewachsen. Die Mutter ist italienischsprachig und in Lugano (Kanton Tessin) aufgewachsen. Die Familie lebt in Zürich. In der Familie wird Italienisch gesprochen und die Eltern legen Wert auf einen intensiven Sprachkontakt mit den Kindern – sie sind oft und gerne mit den Kindern zusammen, unternehmen viel, erzählen Geschichten und schauen Bilderbücher an. Auch Videos sind in der Regel italienischsprachig. Das erste Kind, ein Mädchen, erlebt bis zum Eintritt in die Spielgruppe im vierten Lebensjahr praktisch nur die italienische Sprache. Erst in der Spielgruppe und danach in den zwei Jahren Kindergarten lernt das Mädchen Zürichdeutsch. Beim Übertritt in die Primarschule ergeben sich keine Probleme in der Sprache. Das zweite Kind, ein Sohn, ist vier Jahre jünger. Dadurch, dass die Schwester sehr oft mit ihren Freundinnen zu Hause spielt, kommt das zweite Kind früher in Kontakt mit dem Zürichdeutschen. Trotzdem entwickelt sich das Italienische in der Vorschulzeit als starke Sprache. Im vierten Lebensjahr beginnt der Junge zu stottern. Er stottert in beiden Sprachen. Die Eltern lassen sich durch das Stottern nicht beirren und achten lediglich darauf, dass das Kind nicht ausgelacht wird. Im sechsten Lebensjahr hört das Stottern auf und der Übertritt in die Primarschule erfolgt problemlos. Erst nach dem zweiten Schuljahr wird die deutsche Sprache zunehmend zur starken Sprache. Beide Kinder sprechen Italienisch und Deutsch ohne Probleme. Sie lesen und schreiben allerdings fast ausschließlich auf Deutsch.

■ Interpretation: Offenbar haben sowohl die Mutter als auch der Vater, der ja auch Deutsch spricht, in den ersten Lebensjahren der beiden Kinder konsequent Italienisch gesprochen. Dies hat dazu geführt, dass die Erstsprache Italienisch sich bei beiden altersgemäß entwickeln konnte. Das Stottern des zweiten Kindes verunsichert die Eltern nicht. Schulisch haben sich keine Probleme ergeben, weil die Eltern den Kindern ein reiches Spracherlebnis bieten.

■ Schlussfolgerung: Dieses Beispiel zeigt erstens, dass die Qualität des Sprachgebrauchs und nicht der Gebrauch der Schulsprache in den ersten Jahren für den Schulerfolg maßgebend ist. Zweitens zeigt das Beispiel, dass das Stottern beim Jungen kein Grund ist, die Zweisprachigkeit aufzugeben.

Stottern ist zwar an sich in den meisten Fällen kein ernsthaftes Problem. Trotzdem ist es aber wichtig, dass die Eltern den Verlauf beobachten und in der Familie und in der Umgebung eine Stigmatisierung verhindern. Das Kind soll seine Sprachentwicklungsstörung nicht negativ wahrnehmen (zum Beispiel durch Nachahmung und Auslachen anderer Kinder oder durch ermahnende und beunruhigende Reaktionen der Eltern). Das Stottern setzt normalerweise nicht von einem Tag zum anderen ein, vielmehr entwickelt es sich langsam.

An folgenden Merkmalen können Eltern erkennen, ob sich normales Stocken beim Sprechen in Richtung Stottern verändert:

- Statt ganzer Wörter oder Satzteile wiederholt das Kind vorrangig Silben und einzelne Laute, und zwar öfter als zweimal hintereinander. Also zum Beispiel: *k-k-k-kein* oder *Ha-Ha-Ha-Hamster*.
- Das Kind dehnt den Wortanfang mehr, als bei normalem Redefluss üblich ist. Es begleitet die Dehnung dabei oft noch mit einem Anstieg der Tonhöhe und Lautstärke sowie einem angespannten Gesichtsausdruck.
- Die Art der Pausen verändert sich: Während das Kind bei normalem Redefluss vorwiegend im Satz oder zwischen den Sätzen kurz inne hält, um zu überlegen, was es sagen will, macht es jetzt zunehmend Pausen innerhalb eines Wortes.

Da Eltern nicht vorhersehen können, welchen Verlauf die Sprachstörung bei ihrem Kind nimmt, sollten sie frühzeitig eine logopädische Fachperson aufsuchen. Wie bereits betont, löst sich das Problem oft ohne weitere Maßnahmen. Wenn allerdings eine Behandlung nötig wird, verfährt man heute meistens mehrgleisig: Zum einen versucht man, in Spiele eingebunden die Sprechfreude des Kindes wieder zu wecken und sein Selbstwertgefühl zu stärken. Zum anderen trainiert man mit dem Kind auch Techniken, wie es weich, leicht und langsam sprechen kann. Bei zweisprachigen Kindern genügt es, dass die logopädische Behandlung in der starken Sprache erfolgt.

Tipp 17   Stottern ist vor allem bei Knaben im Alter von drei bis fünf Jahren häufig anzutreffen und hat nichts mit der Zweisprachigkeit zu tun. Bei beginnendem
Stottern nehmen Sie mit einer Fachperson Kontakt auf und lassen sich beraten. Sorgen Sie dafür, dass die Sprachentwicklungsstörung nicht stigmatisiert
wird. Das Kind soll weder korrigiert noch aufgefordert werden, langsam zu
sprechen. Dies erfordert Geduld seitens aller Bezugspersonen. Halten Sie die
Kinder in der Umgebung an, das Stottern als etwas Normales zu betrachten
und auf keinen Fall nachzuahmen oder auszulachen.

Legasthenie

Legasthenie äußert sich in großen Schwierigkeiten beim Lesen- und
Schreibenlernen und hat ihren Ursprung in einer Wahrnehmungsstörung,
die schon sehr früh im Leben in Erscheinung treten kann. Der Wahr-
nehmungsprozess eines Legasthenikers verläuft anders als bei anderen Personen, die sichtbaren Probleme beginnen aber erst in der Schulzeit. Legastheniker nehmen Sachverhalte eher ungeordnet, bruchstückhaft oder in
ganzen Bildern wahr. Vor der Schule ist dieser Vorgang eigentlich ganz
nützlich. Das Kind kann komplexe Dinge erkennen und verstehen, auch
wenn es nur Bruchstücke davon wahrnimmt. Wenn das Kind in der Schule
nun Buchstaben und Zahlen lernt, dann nimmt es nicht unbedingt das
ganze Bild eines Buchstabens wahr. Es kann zum Beispiel im Geist um den
Buchstaben herumwandern und sich so ein völlig anderes Bild des Buchstabens einprägen. Für das Lernen nützt ihm diese Technik allerdings
nichts, sie verwirrt das Kind nur zusätzlich, denn es baut so von einem
Buchstaben mehrere falsche Bilder im Kopf auf. Die eindeutige Zuordnung von Laut und Buchstabe wird dadurch verhindert. Das Lesen und
Schreiben ist natürlich unter solchen Umständen sehr erschwert.

Legasthenie hat nichts mit der Intelligenz eines Kindes zu tun. Für
Legastheniker und ihre Angehörigen ist es wichtig zu wissen, dass sie
nicht dumm sind, sondern meist eine hohe Intelligenz besitzen. Auch
Albert Einstein, John F. Kennedy, Walt Disney, Leonardo da Vinci waren
Legastheniker.

In der Unterstufe geraten legasthenische Kinder unter Druck, denn hier zeigen sich meist erstmals die Auswirkungen ihrer Wahrnehmungsform. Glücklicherweise sind heute Lehrpersonen in der Regel darüber informiert und können Maßnahmen ergreifen, damit sich das Problem im Laufe der Schulzeit löst. Wichtig für die mehrsprachige Erziehung ist die Erkenntnis, dass Legasthenie mit der Mehrsprachigkeit nichts zu tun hat. Sie betrifft lediglich das Lesen- und Schreibenlernen, während das Sprechvermögen unberührt bleibt. Legastheniker können somit durchaus mehrsprachig aufwachsen und weitere Fremdsprachen lernen. Auch wenn das Legasthenieproblem überwunden wird, lernen Menschen mit anfänglichen Legasthenieproblemen mehrheitlich über die mündliche Informationsvermittlung. Selbstverständlich ist es ratsam, legasthenische Kinder nur in einer Sprache zu alphabetisieren. Das Lernen der anderen Schriftsprachen kann später auch im Jugend- oder Erwachsenenalter erfolgen.

> Wenn Ihr Kind im Laufe der ersten Klasse große Schwierigkeiten zeigt, Buchstaben und Zahlen zu schreiben bzw. zu lesen, nehmen Sie mit der Lehrperson Kontakt auf. Falls durch die Abklärung eine Legasthenie diagnostiziert wird, halten Sie sich an die Anregungen der Fachperson. Zwingen Sie Ihr Kind nicht zum Lesen und Schreiben in einer anderen Sprache.
>
> **Tipp 18**

4 Sprachkompetenz und Schulerfolg

Zweisprachige Kinder mit erstsprachlichem Niveau in beiden Sprachen haben Vorteile in den kognitiven Leistungen, das heißt im Verstehen und Verarbeiten von Lerninhalten (vgl. Seite 52). Warum das so ist, wird hier geklärt.

Wenn Menschen sich sprachlich ausdrücken, dann brauchen sie weit mehr Fähigkeiten als nur Wortschatz- und Grammatikkenntnisse. In der Sprachdidaktik werden deshalb vier Kompetenzbereiche unterschieden, die sowohl für den erfolgreichen Erwerb als auch für einen erfolgreichen Gebrauch der Sprache notwendig sind: 1. die sprachliche Kompetenz im engeren Sinn, 2. die soziolinguistische Kompetenz, 3. die strategische Kompetenz und 4. die sprachlogische Kompetenz.

4.1 Sprachliche Kompetenz im engeren Sinn

Wer eine Sprache kompetent benützt oder lernt, kann die Sprache hören und verstehen, sprechen, lesen und schreiben. Selbstverständlich kann keine Sprache ohne Wörter und grammatikalische Formen und Strukturen benutzt oder gelernt werden, denn diese bilden gleichsam die Bausteine für die Konstruktion der Sprachkenntnisse. Diese Bausteine sind notwendig, um Sprache zu verstehen und um Sprache zu produzieren. Die sprachliche Kompetenz im engeren Sinn wird in den folgenden sechs Sprachverarbeitungsbereichen aufgebaut, geübt und gelernt.

Hörverstehen	Leseverstehen	*rezeptiv*
Sprechen	Schreiben	*produktiv*
Wortschatz	Grammatik	*kognitiv*

Tabelle 12

Verstehensleistungen wurden früher auch als passive Sprachkenntnisse bezeichnet. Dass Verstehen allerdings nichts mit passivem Verhalten zu tun hat, weiß die lesende bzw. zuhörende Person am besten. Verstehen ist eine höchst aktive Tätigkeit, und aus diesem Grund spricht man heute von rezeptiven (das heißt aufnehmenden) Sprachleistungen. Produktive Sprachleistungen entsprechen den sicht- bzw. hörbaren Produkten. Früher wurden sie auch als aktive Sprachkenntnisse bezeichnet. Das Begriffspaar «passiv-aktiv» wurde in der Sprachdidaktik zu Gunsten von «rezeptiv-produktiv» aufgegeben, weil jeder Sprachgebrauch eine aktive Tätigkeit erfordert. Auch wenn Menschen in einer neuen Sprache wenige sicht- bzw. hörbare Sprachleistungen erbringen, muss immer davon ausgegangen werden, dass jeder Mensch in der Regel vier- bis fünfmal mehr versteht, als er selbst produzieren kann. Dies trifft sowohl für eine tiefe fremdsprachliche als auch für eine hochentwickelte erst- oder zweitsprachliche Kompetenz zu. Das Wissen über Bedeutungen von Wörtern und Wendungen und das Wissen über grammatikalische Formen und Strukturen[15] in einer Sprache (kognitiver Bereich) gehört als notwendige Voraussetzung zur Sprachkompetenz.

Wenn ein Kind Sprachen lernt, unabhängig davon ob zwei Erstsprachen, eine Erst- und eine Zweitsprache oder zusätzlich noch eine Fremdsprache, muss es bewusst und unbewusst in jeder neuen Sprache die sprachlichen Kompetenzen erwerben. Der kindliche Spracherwerb geht vom Hörverstehen aus und entwickelt schrittweise die Fähigkeit des Sprechens. Fähigkeiten in einer schwachen Sprache, die sich auf das Hörverstehen beschränken, dürfen deshalb nicht gering geschätzt werden. Sie bilden die notwendige Basis, damit zu einem späteren Zeitpunkt, wenn die Motivation für die Weiterentwicklung der schwachen Sprache entsteht, sich das Sprechen schnell entwickeln kann.

4.2   Soziolinguistische Kompetenz

In jeder Sprache und Kultur gibt es Normen, die in der Grammatik nicht beschrieben sind. Fragen wie «Wann und wie begrüßt man sich?», «Wie und wann entschuldigt man sich?», «Wie geht man mit verschiedenen

Leuten in verschiedenen Situationen um?» usw. werden in unterschiedlichen Sprachen und sogar innerhalb einer Sprachgemeinschaft (je nach Situation) anders beantwortet.

Die soziolinguistische Kompetenz wird von einsprachigen Personen als normal, als Sache der Erziehung angesehen. Für mehrsprachige Kinder ist das Ausloten der entsprechenden richtigen Norm beim Erwerb einer Zweitsprache alles andere als einfach. Das Kind erwirbt mit der Erstsprache bestimmte kulturgeprägte Verhaltensweisen, die vor allem durch die elterliche Erziehung vermittelt werden. Beim Erwerb einer Zweitsprache ist das Kind ständig auf der Suche nach der gültigen Norm. Während es zu Hause zum Beispiel durchaus erlaubt ist, eine sprechende Person zu unterbrechen, kann dieses Verhalten in der Zweitsprache verpönt sein. Einsprachige Personen empfinden ihre eigenen Normen des sprachlichen Verhaltens als normal und nehmen ein anderes sprachliches Verhalten als eigenartig oder als unanständig wahr. Abweichungen von den geltenden Normen können so die Kommunikation empfindlich stören. Im deutschen Sprachraum gilt beispielsweise die Regel, dass man sich beim Sprechen in die Augen schaut und zwar auch dann, wenn die angesprochene Person sozial höher gestellt ist. Diese Norm gilt jedoch lange nicht in allen Sprachen. Für Personen aus der Türkei gilt im Allgemeinen, dass man einer Respektsperson nicht in die Augen schauen soll. So kommt es oft vor, dass türkische Eltern der deutschsprachigen Lehrperson in einem Gespräch nur sporadisch in die Augen schauen, was die Lehrpersonen verunsichern und stören kann, ohne dass sie genau wissen warum.

Leider sind wir uns gewohnt, kulturgeprägtes Sprachverhalten wahrzunehmen. Alle Personen in der Deutschschweiz wissen, dass bei der Begrüßung wenn immer möglich auch der Name gesagt werden muss. Hat man ihn vergessen, bittet man um Entschuldigung und gibt eine kurze Erklärung, weshalb man den Namen nicht mehr präsent hat. Die wenigsten Personen in der Deutschschweiz wissen aber, dass dies eine typische deutschschweizerische Norm ist. Weder in anderen deutschsprachigen Regionen noch in der italienisch- oder französischsprachigen Schweiz ist diese Norm so ausgeprägt wie in der Deutschschweiz. Die Tatsache, dass eigene Normen des Sprachverhaltens nicht wahrgenommen werden, führt auch dazu, dass selten darüber gesprochen wird, und wenn doch, dann lediglich in latenten Konfliktsituationen, in denen gegen eine Norm verstoßen wird. So kann es durchaus vorkommen, dass niemand einem fremdsprachigen Kind in einer entspannten Situation erklärt, welche Normen in der Zweitsprache gelten.

Kinder, die Deutsch als Zweitsprache lernen, sind ständig auf der Suche nach der geltenden Norm und erhalten bei diesem Prozess selten die nötige Hilfe, eben weil Normen als etwas Selbstverständliches verstanden werden. Zweisprachige Menschen müssen eine doppelte soziolinguistische Kompetenz aufbauen. Wenn sie sich dessen bewusst sind, verfügen sie allerdings auch über eine ausgesprochen gut entwickelte interkulturelle Kompetenz.[17]

✗ Tipp 19   Sprechen Sie mit den Kindern oft über Normen des sprachlichen Verhaltens in den verschiedenen Sprachen. Wie grüßen sich die Leute? Was sagen sie vor dem Essen? In welcher Distanz sprechen sie zusammen? Berührt man sich beim Sprechen? Wie laut soll man sprechen? Betrachten Sie diese Reflexionen auch für sich selbst als sprachliche und anthropologische Erkundungen. Vermeiden Sie es aber, unterschiedliche Verhaltensweisen positiv oder negativ zu beurteilen.

4.3 Strategische Kompetenz

Die strategische Kompetenz betrifft Probleme der sprachlichen Verständigung und des Sprachlernens. Auf der einen Seite betrifft sie die Fähigkeit, in alltäglichen Kommunikationssituationen Probleme der Verständigung zu überwinden. Beim Sprechen benützen Kinder gerne Gestik oder Comicssprache (*Ups! Splasch! Uau! Poing!* usw.), um Sachverhalte darzustellen, für die sie Wörter und Wendungen benützen sollten, die ihnen nicht geläufig sind. Auch werden oft Ersatzwörter (so ein Ding zum Dingsen) benutzt. Mehrsprachige Menschen nehmen zudem die Erstsprachen zu Hilfe und produzieren Interferenzen (siehe Seite 56). Solche Überbrückungstrategien sind für den Spracherwerb sehr wichtig und die Kinder setzen sie auf natürliche Weise ein. Sie dürfen von den Bezugspersonen nicht negativ gewertet werden. Im Gespräch sollte die Bezugs-person lediglich den geeigneten Begriff selbst aussprechen, so dass das Kind den angemessenen Begriff hört und ihn dadurch auch lernen kann.

Auf der anderen Seite umfasst die strategische Kompetenz auch sprachliche Strategien, die für das schulische Lernen sehr relevant sind. Wenn Kinder eine Aufgabe oder einen Text nicht verstehen, wenn sie nicht wissen, wie sie einen Aufsatz beginnen sollen oder wie ein Wort geschrie-ben wird, wenn sie Mühe haben, einen Vortrag vorzubereiten, dann stehen sie vor Problemen der sprachlichen Verständigung. Oft kommt es vor, dass die Kinder keine Lösungswege suchen, sondern unmittelbar eine Lösung haben wollen. Sie fragen eher die Lehrperson oder den Banknachbarn, als eigene Lösungsstrategien einzusetzen. Solche Lösungsstrategien können sein: die Aufgabe oder den Text nochmals lesen und ihn in Verbindung mit dem bereits Behandelten setzen; vor dem Aufsatzschreiben Stich-wörter und Gedanken aufschreiben und dann ordnen; im Duden nach-schlagen; einen unbekannten Begriff umschreiben usw. Manchmal ent-wickeln Lernende diese Strategien nicht von selbst, sie müssen deshalb von der Lehrperson oder zu Hause von den Eltern unterstützt werden. Die Reflexion über mögliche Probleme und Lösungsstrategien bietet immer wertvolle Sprachlernanlässe, die im Klassen- oder Einzelgespräch genutzt werden können.

Die strategische Kompetenz ist weitgehend sprachunabhängig. Das Kind muss die strategische Kompetenz grundsätzlich nur einmal erwer-ben, denn sie kann auf andere Sprachen übertragen werden.

Diskutieren Sie mit einer befreundeten Person über das Sprachenlernen. Versu-chen Sie herauszufinden, wie Sie selbst (Fremd-)Sprachen gelernt haben und was Sie tun, wenn Sie vor Kommunikationsproblemen (mündlichen oder schriftlichen) stehen. Bewerten Sie die unterschiedlichen Strategien nicht als gut oder schlecht. Versuchen Sie dagegen herauszufinden, ob es sich um eine natürliche Strategie handelt oder ob Ihnen die Strategie gezeigt wurde.

✕ Tipp 20

4.4 Sprachlogische Kompetenz

Die Forschung hat einen wichtigen Unterschied zwischen der allgemeinen sprachlichen Kommunikationsfähigkeit, also der sprachlichen Kompetenz im engeren Sinne, und den Sprachanforderungen beim schulischen Lernen festgestellt. Die sprachliche Kompetenz erlaubt es, sich in einer Sprache in alltäglichen Situationen zu verständigen, das heißt zu verstehen, zu sprechen, zu lesen und auch einfache Texte zu schreiben. Dabei handelt es sich um sprachliche Fertigkeiten, die bei der alltäglichen und zum Teil auch oberflächlichen Kommunikation zum Einsatz kommen. In der Schule werden jedoch weitere sprachbezogene Fertigkeiten gefordert, die über die Alltagskommunikation hinausgehen. Schulischer Sprachgebrauch ist sehr oft abstrakter und kontextarm. Die Dinge, die behandelt werden, können weder erlebt noch angefasst werden. Überall dort, wo sprachliches Handeln nicht situationsgebunden abläuft, bedarf es komplexer verbaler Äußerungen und einer Abstraktionsfähigkeit höheren Grades. Sowohl beim Verstehen von mündlichen Erklärungen und Darstellungen und beim Verstehen von längeren geschriebenen Texten als auch beim zusammenhängenden Sprechen und beim Schreiben sind Fertigkeiten gefragt, die unmittelbar mit der Verarbeitung von Sprache zu tun haben, jedoch nicht von einer bestimmten Sprache oder Sprachvariante abhängig sind.

Die sprachlogische Kompetenz ist damit eine zentrale und zugleich auch die anspruchsvollste Voraussetzung für das schulische Lernen und damit für den Schulerfolg. Es handelt sich hier um eine Basiskompetenz, die weitgehend von einer Sprache in die andere übertragen werden kann. Wer in einer Sprache gelernt hat, einen Brief zu schreiben (das heißt einen Inhalt kohärent und nachvollziehbar schriftlich zu formulieren), kann dies meist auch in einer anderen Sprache tun. Es muss natürlich die sprachliche Kompetenz in der Zweitsprache vorhanden sein (Wortschatz, Grammatik, Rechtschreibung usw.) und es müssen die soziolinguistischen Normen (Anrede, Grußfloskel, Briefform usw.) berücksichtigt werden. Der Aufbau der eigenen Argumentation ist jedoch nicht sprachabhängig. Das Gleiche gilt auch für das Leseverstehen. Um einen schriftlichen Text zu verstehen, braucht es mehr als nur die Kenntnis des Alphabets, der Wortbedeutungen und grammatischen Formen und Strukturen. Einen Text lesen und verstehen bedeutet auch, Gedankengänge nachzuvollziehen, das Gelesene mit dem Vorwissen in Verbindung zu setzen, Beziehungen zwischen einzelnen Sätzen und zwischen Textteilen zu erkennen usw.

Auf der Ebene des Hörens und Verstehens gilt das Gleiche. Kinder, die in der Erstsprache gelernt haben, eine Geschichte zu hören und zu verstehen – das heißt dem Verlauf einer Geschichte zu folgen, sich die Bilder und Figuren vorzustellen, vorauszuahnen, was nun passieren könnte, komplexere Satzverbindungen zu verstehen (so/dass; je/desto; obwohl usw.) – können diese Fähigkeit auch in einer anderen Sprache einsetzen. Wenn Kinder im Kindergarten Mühe haben, eine einfache Geschichte zu verstehen, dann hat das meistens nichts mit einzelnen Wörtern zu tun, die sie nicht verstehen, sondern vielmehr mit der geringen Erfahrung im Verstehen von Geschichten auch in der Erstsprache. Ebenso verhält es sich mit dem Sprechen. Wenn Kinder von zu Hause aus nicht gewohnt sind, über Vorgefallenes zu erzählen, ein selbst gezeichnetes Bild zu erklären, Fragen zu stellen usw., dann haben sie auch nicht die sprachlogischen Kompetenzen, dies in der Zweitsprache zu tun. Je besser, differenzierter und einsichtiger die sprachlogische Kompetenz in der Erstsprache ist, umso größer ist die Chance, dass die Zweitsprache (oder weitere Fremdsprachen) gut und schnell erworben wird.

Während die sprachliche Kompetenz in der Zweitsprache innerhalb von zwei bis drei Jahren erworben werden kann, brauchen die meisten Lernenden für die Entwicklung der sprachlogischen Kompetenz die ganze Schulzeit. Viele Schülerinnen und Schüler der unteren Leistungsstufen schließen die obligatorische Schulzeit ab, ohne eine ausgeprägte sprachlogische Kompetenz entwickelt zu haben. Die OECD-Studie PISA bestätigt dies eindrücklich im Bereich des Leseverstehens.[18]

Überlegen Sie, was Sie tun, wenn Sie einen längeren Brief zum Beispiel an eine Versicherung schreiben müssen. Welche soziolinguistischen Formeln benützen Sie? (Anrede, Schluss, Gestaltung usw.) Wie gehen Sie die Aufgabe strategisch an? (Entwurf, Feedback von einer anderen Person usw.) Wie organisieren Sie die Absätze, so dass Ihr Anliegen auch verstanden wird? (Gedankenabfolge: Ausgangslage, Problem, Anfrage usw.)

Tipp 21

5 Mehrsprachige Erziehung konkret: Ratschläge für die Praxis

Verstehen, Sprechen, Lesen und Schreiben sind intellektuelle Fertigkeiten, die sich im Laufe der Lebenszeit entwickeln und die maßgeblich am Erfolg von schulischen Leistungen beteiligt sind. Wie können nun Eltern den Erwerb der Erstsprache (oder zweier Erstsprachen) so unterstützen, dass die in Kapitel 4 erwähnten Kompetenzen sich optimal entwickeln? Hier soll für die verschiedenen Altersstufen zusammenfassend gezeigt werden, wie Eltern die Entwicklung der Sprachkompetenzen fördern können. Sowohl im Vorschulalter als auch im Schulalter ist das familiäre Umfeld besonders wichtig, und mit dem Besuch des Kindergartens bzw. der Schule treffen die elterliche mit der schulischen Erziehung aufeinander. Eine kooperative Zusammenarbeit zwischen Eltern und Lehrpersonen kann die schulischen Leistungen der Kinder maßgeblich fördern.

5.1 Das Kind lernt hören und verstehen

Kleinkinder reagieren sehr positiv auf direkte sprachliche Zuwendungen der Bezugspersonen. Mit sprachlicher Zuwendung wird hier jegliches Sprechen mit dem Baby gemeint. Dieses Sprechen ist denn auch grundlegend für die sprachliche Entwicklung von Geburt an. Von diesen sprachlichen Zuwendungen aus baut das Kleinkind seine Sprache auf. Wie bereits dargestellt wurde, kann ein Kleinkind mehr als eine Sprache erwerben, vorausgesetzt die Bezugspersonen halten sich zumindest in den ersten Jahren konsequent an das Prinzip *eine Person – eine Sprache*. Es wäre falsch zu denken, dass Kleinkinder nicht verstehen können, weil sie nicht sprechen. In den ersten Lebensjahren entwickelt sich das Gehirn in rasanter Geschwindigkeit und die Verarbeitung von Sprachlichem stellt einen wesentlichen Teil der Gehirnentwicklung dar.

Während das Kleinkind vorerst sehr viel Energie für das Verstehen aufwendet, benützt es als Ausdrucksmittel vor allem das Lächeln und das Weinen. Dies sind natürliche Reflexe, die jedoch noch keine differenzierte Kommunikation ermöglichen. Die Kleinkinder hören also zuerst die Stimmen der Eltern und der Geschwister und deren Sprache, und sie sind fähig, auf diese sprachlichen Stimuli nichtsprachlich zu reagieren. Die Kommunikation mit dem Kind scheint in dieser Phase eher monologisch, das heißt die Bezugspersonen sprechen mit dem Baby, während das Baby sprachlich noch nicht antworten kann. Für die sprachliche Entwicklung ist es aber wichtig, dass die Bezugspersonen oft mit dem Baby sprechen und auch das Spielen sprachlich begleiten.

Mit den ersten Ausdrücken der Kinder, die oftmals nur von den Eltern verstanden werden, beginnt die dialogische Phase. Auf sprachliche Zuwendungen der Bezugspersonen antwortet das Kind nun mit Ein-Wort-Ausdrücken, die zum Teil sehr lustig sein können. Das Kind entwickelt so seine Kindersprache, in der es mit den Bezugspersonen zu kommunizieren beginnt. Durch das Sprechen mit dem Baby ergibt sich fast automatisch eine spezielle Sprache zwischen Eltern und Kind. Das Besondere an dieser Sprache ist, dass sie einerseits stark an die Erfahrungen gebunden ist, die Eltern und Kind gemeinsamen erlebt haben. So werden Handlungen und Spiele, die beide als angenehm und lustig erfahren haben, oft wiederholt. Andererseits enthält diese Sprache auch «erfundene» Ausdrücke des Kindes, die die Eltern übernehmen. In einem gewissen Sinne nähern sich die Eltern in ihrem Sprachverhalten der Sprache des Babys. Offiziell hat die Sprachforschung gegen die Verwendung der Babysprache keine Stellung bezogen, und es existieren auch keine direkten Beweise für Verbindungen zwischen Babysprache und Sprachfehlern in der späteren Zeit. Es ist auch bekannt, dass eine gewisse Zahl von Wörtern wie *Papi, Mami, Oma* und *Opa* direkt aus der Kindersprache stammen. Allerdings ist zu bedenken, dass eine übermäßige Babysprache, in der die Eltern selbst «lustige Wörter» erfinden und deren Aussprache stark an eine Karikatur von Babysprache erinnert, keine ideale Voraussetzung für den Spracherwerb ist. Um eine Sprache zu erwerben, sowohl Erst- als auch Zweitsprache, ist das sprachliche Vorbild maßgebend. Niemand will den Eltern die Verwendung von Wörtern aus der Kindersprache ausreden, wie zum Beispiel *bebe* für *Wunde* oder *aho* für *Hallo*, und niemand behauptet, dass die Eltern eine differenzierte Sprache mit vielen schwierigen Wörtern mit ihren Kindern sprechen müssen. Babysprache ist sicher nicht abzulehnen, sie darf aber nicht zum sprachlichen Vorbild für die Kinder werden. Die Sprache der Kleinkinder enthält Entwürfe von Wörtern, die nur dank einem korrekten sprachlichen Vorbild der Eltern verbessert und verfeinert werden können. Wenn ein Kleinkind ein Wort wie *maauh* ausspricht und mit dem Finger auf eine Katze zeigt, dann ist es besser, wenn die Bezugsperson automatisch das Wort *Katze* statt *maauh* sagt. Im Laufe der Zeit wird das Kind vielleicht andere Ausdrücke wie *ka*, *atze*, *ze* für *Katze* verwenden, und die Eltern werden immer weiter das richtige Wort benützen, um das Tier zu bezeichnen, bis das Kind den korrekten Begriff selber verwendet.

Dasselbe gilt auch für mehrsprachige Familien, in denen für denselben Gegenstand zwei verschiedene Wörter existieren. Für das Wort *Katze* (italienisch *gatto*) kann das Kind sowohl auf Deutsch als auch auf Italienisch einen Ersatz erfinden (*ka*, *atz* oder *ga*, *to*). Das Kind lernt schnell zu unterscheiden, dass für Katze beim Vater der Ausdruck *gatto* gilt und bei der Mutter der Ausdruck *Katze*. Das Kind hat so für einen Begriff zwei Varianten gelernt, die es eindeutig der jeweiligen Bezugsperson zuordnen kann.

Die nachfolgenden Empfehlungen für den Erziehungsalltag können die Entwicklung des Verstehensvermögen in den ersten Lebensjahren fördern und sind nach Altersgruppen der Kinder geordnet. Die Altersangaben sind lediglich als Orientierungspunkte gedacht und relativ. Empfehlungen zum Beispiel für Kinder zwischen vier und sieben Jahren können teilweise auch für drei- oder achtjährige Kinder gelten. Die Empfehlungen gehen bis zum zwölften Lebensjahr, da in diesem Alter der Erwerb der Grundstrukturen einer Sprache abgeschlossen ist.

0 bis 2 Jahre   **Kleinkind**

- Die Bezugspersonen sprechen mit dem Baby so oft als möglich. Sie beschreiben was sie tun, was da ist, wer da ist, was das Baby tut, und spielen auch sprachlich mit dem Baby (Singspiele, Verse usw.). Wichtig ist dabei der direkte Blickkontakt mit dem Kind.
- Die Bezugspersonen sprechen nach dem Prinzip *eine Person – eine Sprache.*
- Sie vermeiden so weit als möglich Sprachmischungen. Sie wechseln also nicht von einer Sprache zur andern oder benützen Wörter und Wendungen aus einer anderen Sprache.
- Sie sprechen keine übertriebene Babysprache, das heißt die Sprache der Bezugspersonen ist weitgehend korrekt, vielfältig und der Kommunikation mit dem Kind angepasst. Die Bezugspersonen imitieren die Sprache des Kindes nicht.

2 bis 4 Jahre   **Vorschule**

- Die Bezugspersonen befolgen weiter das Prinzip *eine Person – eine Sprache.*
- Sie sprechen oft mit dem Kind über Alltägliches (Wie ist das? Was ist passiert? Was machen wir?) und beantworten die Fragen des Kindes geduldig.
- Sie erzählen Geschichten zum Beispiel aus der eigenen Kindheit und Märchen.
- Sie beschreiben Bilder aus Bilderbüchern, Gegenstände in der Umgebung usw.
- Sie kommentieren die Zeichnungen des Kindes.
- Die Bezugspersonen suchen Kontakt zu anderen Kindern (Spielplatz, Spielgruppe, Hort usw.), die die Sprache der Umgebung sprechen, und lassen die Kinder zusammen spielen.
- Sie suchen Kontakt zu Kindern, die die Sprache(n) der Familie sprechen (Verwandte, Bekannte, Reisen ins Heimatland usw.).

Die Verstehensfähigkeit ist noch lange nicht ausgereift, ihre Entwicklung nimmt ab vier Jahren ein neues Ausmaß an. In diesem Alter beginnen die Kinder, auch komplexere Geschichten und Erklärungen zu verstehen und sind sogar fähig, beispielsweise einem kindergerechten Film zu folgen. Für die sprachlogische Entwicklung sind Geschichten und Erklärungen sehr wichtig, denn nun beginnen die Kinder, einem Gedankengang oder einem Handlungsablauf zu folgen. Dass das Verstehen einer Geschichte alles andere als eine angeborene Fähigkeit ist, sondern eingeübt werden muss, äußert sich darin, dass die Kinder während mehreren Monaten immer die gleiche Geschichte hören wollen. Dies kann manche Eltern, die gerne Geschichten erzählen, auch zur Verzweiflung bringen. «Nein, nicht schon wieder Rotkäppchen, das habe ich doch schon hundertmal erzählt», stöhnt dann der Vater bei der üblichen Gute-Nacht-Geschichte. Tatsächlich ist es für Erwachsene langweilig, immer die gleiche Geschichte zu hören oder auch den gleichen Film während mehreren Tagen zu sehen – für Kinder aber nicht. Für sie ist es im Hinblick auf die Entwicklung der sprachlogischen Kompetenz durchaus sinnvoll.

Am Anfang verstehen die Kinder die Geschichte als Ganzes, das heißt sie lernen die Figuren kennen und wissen, wie die Geschichte endet. Nach einigen Durchgängen erkennen die Kinder ganze Kapitel oder Teile der Geschichte. Sie können also die Geschichte in mehrere Teile gliedern und bei den nächsten Durchgängen vorausdenken, was nun passieren wird. Dieses Vorausdenken oder antizipierende Zuhören ist denn auch die Grundlage für das Verstehen schlechthin. Wer nicht fähig ist, bei einer Geschichte oder bei der Schilderung eines Sachverhaltes zu raten, wie es weiter gehen könnte, hat Schwierigkeiten, einem längeren Text zu folgen. Nach weiteren Durchgängen der gleichen Geschichte erkennen die Kinder innerhalb von Kapiteln einzelne Szenen. Bei reinen Hörgeschichten wird dadurch nicht nur die Aufgliederung verfeinert, sondern auch die Bilder zu den Szenen werden präziser, die Kinder sehen nun einen ganzen Film im Kopf. Die Fähigkeit, Bilder zu sehen und einen Film im Kopf ablaufen zu lassen, ist die wichtigste Voraussetzung für das spätere Lesen und Verstehen. Wer Kindern beim Spielen zuschaut, weiß, dass sie auch ganze Szenen aus Geschichten auswendig nachspielen können. Sie üben so nicht nur ihre Sprechfertigkeit (sprachliche Kompetenz). Das Nachspielen stellt gleichsam den letzten Schritt im Verstehen der Geschichte dar.

Mehrsprachige Kinder brauchen natürlich auch Geschichten in mehreren Sprachen. Dabei verhält es sich wie bei der Zuordnung der Sprachen zu den Bezugspersonen. Die Entwicklung der einzelnen Sprachen wird begünstigt, wenn eine Geschichte immer in der gleichen Sprache gehört wird. Auch wenn zum Beispiel Walt-Disney-Filme in viele Sprachen übersetzt sind, bevorzugen Kinder eindeutig die Zuordnung *eine Geschichte – eine Sprache*. Diese Zuordnung gilt im Übrigen auch für Erwachsene. Wer einen Filmklassiker in einer bestimmten Sprache gesehen hat, mag Versionen in einer anderen Sprache meistens nicht.

Im Alter von vier bis sieben Jahren bauen Kinder Kontakte zu Kindern in der Umgebung auf (in der Spielgruppe, im Kindergarten). Das Prinzip *eine Person – eine Sprache* kann nun gelockert werden, wenn die Situation es erfordert. Eine spanischsprachige Mutter, die auch Deutsch kann, darf in Anwesenheit von deutschsprachigen Kindern durchaus auch Deutsch sprechen. Das eigene Kind weiß nun schon, was eine Sprache ist und welche Sprache zwischen Mutter und Kind gilt, und eine Abweichung des Prinzips schadet nicht mehr. Im Gegenteil: die Mutter zeigt dem Kind, dass man je nach Person und Situation auch eine andere Sprache brauchen soll. In solchen Fällen kann also neu das Prinzip *eine Situation – eine Sprache* angewendet werden.

4 bis 7 Jahre

- Die Bezugspersonen sprechen weiterhin nach dem Prinzip *eine Person – eine Sprache*. Abweichungen sind nach dem Prinzip *eine Situation – eine Sprache* möglich, zum Beispiel wenn jemand anwesend ist, der die Erstsprache nicht versteht.
- Die Eltern bzw. die Bezugspersonen erklären dem Kind, wer wie spricht und warum.
- Die Bezugspersonen sprechen oft mit dem Kind über Alltägliches (Was ist passiert? Wie funktioniert das? Warum ist das so? Wer ist wer? Wer macht was?).
- Sie erzählen dem Kind aus ihrer Kindheit, von Verwandten und Bekannten, von ihrer Arbeit usw.

- Sie erzählen Geschichten und Märchen anhand von Bilderbüchern und Comics.
- Sie lesen Kinderbücher vor, jede Bezugsperson in ihrer Sprache.
- Sie spielen Szenen mit Puppen, Spielfiguren usw.
- Die Kinder sehen Video-Filme mehrmals (zum Beispiel Walt-Disney-Filme) in den Sprachen der Familie und der Umgebung.
- Die Bezugspersonen lesen die entsprechenden Walt-Disney-Bücher mehrmals vor oder erzählen die Geschichte mit dem Buch.
- Die Kinder hören Geschichten von Audio-Kassetten oder Audio-CD mehrmals (möglichst mit entsprechendem Buch) in den Sprachen der Familie und der Umgebung.

Unterstufe   8 bis 10 Jahre

- Die Sprachwahl hängt nun zunehmend von der Situation ab (das heißt von den anwesenden Personen oder vom Thema). Die Bezugspersonen versuchen möglichst bei ihren Sprachen zu bleiben. Das Kind ist in der Sprachwahl immer frei.
- Die Bezugspersonen sprechen oft mit dem Kind über Alltägliches (Schule, Arbeit, Essen, Besuche, Pläne fürs Wochenende, Sport usw.).
- Sie erzählen Geschichten mit Bilderbüchern.
- Sie lesen Kinderbücher vor und lassen bei Büchern in der Umgebungs- und Schulsprache einige Teile – zum Beispiel den Schluss – vom Kind selbst lesen.
- Die Kinder sehen Video-Filme mehrmals (zum Beispiel Walt-Disney-Filme) in den Sprachen der Familie und der Umgebung.
- Die Bezugspersonen lesen die entsprechenden Walt-Disney-Bücher vor (bei Büchern in der Schulsprache Teile vom Kind selbst lesen lassen).
- Die Kinder hören Geschichten von Audio-Kassetten oder Audio-CDs und schauen sich das entsprechende Buch an.
- Die Bezugspersonen führen mit den Kindern Experimente durch, die in Sachbüchern beschrieben werden.

10 bis 12 Jahre	**Mittelstufe**

- Die Bezugspersonen sprechen oft mit dem Kind über Alltägliches (Spiele, Schule, Arbeit, Beziehungen, Verhalten, Aktualität, Wichtigkeit des Lesens usw.).
- Sie sprechen mit den Kindern über Computerspiele und spielen sie gemeinsam.

5.2　Das Kind lernt sprechen

Wie bereits festgehalten, beginnen Kinder in der Regel im zweiten Lebensjahr zu sprechen und zwar als nachahmende Reaktion auf den sprachlichen Input der Bezugspersonen. Im Alter von vier bis fünf Jahren beginnen die Kinder, eigene Erlebnisse oder erfundene Geschichten zu erzählen. Dies kann sehr unterschiedliche Formen annehmen. Die einen erzählen wirr drauflos, so dass es für die Zuhörenden sehr schwierig ist, dem Ganzen einen Sinn zu entnehmen. Dem Kind fehlt noch die sprachlogische Kompetenz, den Ablauf der Geschichte in einer klaren Folge darzulegen. Sie springen von einer Situation zur anderen ohne einen sinnstiftenden Zusammenhang. Andere Kinder erfinden Geschichten zum Beispiel mit Puppen und benützen dabei selbst erfundene Wörter. Sie erzählen die Geschichte gleichsam lautmalerisch. Der berühmte Schweizer Schriftsteller und Kabarettist Franz Hohler erzählt die erfundene Sage «Ds Totemügerli» mit erfundenen berndeutschen Wörtern. Nur gerade zwanzig Prozent der Wörter sind verständlich, der Rest besteht aus lautmalerischen Ausdrücken, die Berndeutsch tönen, jedoch nichts bedeuten. Das Verblüffende an dieser Geschichte ist, dass jede dialektsprechende Person in der Deutschschweiz sie verstehen kann. Wenn das Kind eine Geschichte lautmalerisch erzählt, dann übt es eigentlich die sprachlogische Fähigkeit, eine Geschichte zu erzählen.

Tatsächlich beansprucht die sprachlogische Kompetenz im Bereich des Sprechens viel Zeit und Übung, bis sie sich voll entwickelt hat. Es ist zwar einfach, ein Erlebnis im Dialog zu erzählen. Dazu braucht es relativ wenig sprachlogische Kompetenz, denn zum einen kann Mimik, Gestik und Lautmalerisches eingesetzt werden und zum anderen hilft der Gesprächspartner durch Rückfragen und Kommentare ständig mit, der Geschichte einen Sinn zu geben. Anders ist es aber, wenn ein Kind während zwei bis drei Minuten erzählen will, wie etwas vorgefallen ist (Wie der Teddybär kaputt gegangen ist / Was es in den Ferien erlebt hat / Wie der Besuch im Zoo war usw.). Für einen längeren mündlichen Text (Monolog) bedarf es der Fähigkeit, den Zuhörenden sprachlich so zu führen, dass er alle notwendigen und sinnstiftenden Informationen bekommt. Genau diese Fähigkeit können Kinder nur entwickeln, wenn die Bezugspersonen das Kind oft auffordern, über Erlebtes zu erzählen, und dabei geduldig zuhören und wo nötig bei der Formulierung und beim Ordnen der Gedanken mithelfen.

Die sprachlogische Kompetenz sowohl im Hörverstehen als auch im Sprechen ist die wichtigste Voraussetzung für eine erfolgreiche schulische Laufbahn. Wenn Kinder im Vorschulalter die altersgemäße Grundlage der sprachlogischen Kompetenz (das heißt Geschichten verstehen, einfache Erlebnisse erzählen) in der Erstsprache aufgebaut haben, dann werden sie in der Schule keine Mühe haben, den schulischen Stoff auch in der Zweitsprache zu verarbeiten. Das Kind braucht in diesem Fall nur die sprachliche Kompetenz in der Zweitsprache zu erwerben. Fehlt jedoch die sprachlogische Kompetenz in der Erstsprache, dann muss das Kind in der Zweitsprache eine ungleich höhere Lernleistung erbringen: Es muss die Zweitsprache lernen und es muss die sprachlogischen Kompetenzen entwickeln. Dies ist eine Überforderung, und nur ganz wenige Kinder können diese Aufgabe bewältigen. Die Folge aus einer mangelhaften sprachlogischen Kompetenz ist schulischer Minder- oder Misserfolg.

Zusammenfassend kann man sagen, dass der Erfolg der sprachlichen Erziehung hauptsächlich von der Qualität der Kommunikation zwischen Eltern bzw. Bezugspersonen und Kindern abhängig ist. Hohe Qualität ergibt sich durch Situationen, in denen die Kinder altersentsprechend komplexe Sachverhalte erklären oder schildern müssen. Dabei ist es nebensächlich, in welcher Sprache das Kind spricht. Zentral ist, dass die Gedanken des Kindes verständlich und nachvollziehbar sind. Aus diesem Grund sollten die Bezugspersonen auf keinen Fall das Kind zwingen, eine bestimmte Sprache zu sprechen. Die Wahl der Sprache ist Sache des Kindes, ein zentrales Ziel des Sprechens ist die Entwicklung der sprachlogischen Kompetenz.

ab 4 Jahren

- Die Bezugspersonen lassen das Kind seine Erlebnisse, Gedanken, Geschichten, Probleme usw. erzählen und helfen ihm bei Formulierungsschwierigkeiten.
- Das Kind ist frei in der Wahl der Sprache. Situationen, die in der Zweitsprache erlebt wurden, werden in der Regel auch in der Zweitsprache erzählt.
- Die Bezugspersonen sprechen mit dem Kind auch über komplexe Sachverhalte. Hinweise vom Typ «Das kannst du noch nicht verstehen» sollten möglichst vermieden werden. Stattdessen sollte versucht werden, den Sachverhalt mit einfachen Darstellungen klarzumachen. Sobald die Kinder merken, dass es zu kompliziert wird, lassen sie meist von selbst vom Thema ab.
- Sie lassen sich von möglichen Sprachproblemen (Stottern, Verweigerung einer Sprache, Verspätungen im Spracherwerb usw.) und von Meinungen einsprachiger Laien nicht verunsichern. Bei anhaltenden Sprachproblemen ist die Meinung einer Fachperson für Logopädie einzuholen.
- Das Kind spricht so, wie es will und kann, das heißt es wird nicht gezwungen, die eine oder die andere Sprache zu sprechen.
- Korrekturen erfolgen nur beiläufig, indem die Bezugsperson einzelne falsche Strukturen oder Wörter korrekt wiederholt.

5.3 Das Kind lernt lesen und schreiben

In der Schule lernt das Kind das Schreiben und Lesen, das heißt zwei Sprachfertigkeiten, die sich vor allem auf der Ebene der Sehwahrnehmung entwickeln. Auch hier existieren zahlreiche pädagogische Theorien, die gegen oder für einen frühen Erwerb der schriftlichen Fertigkeiten aufgestellt wurden. Es gibt Länder, in denen die schulische Bildung einen frühen Schreib- und Leseerwerb im Kindergarten oder in der Vorschule vorschreibt, und andere, die demgegenüber nur die spielerische Rolle dieser vorschulischen Strukturen betonen. Tatsache ist, dass das Kind mit dem Schuleintritt einen neuen Umgang mit Sprache erlebt. Während in der Familie der Spracherwerb und sämtliches Lernen vor allem über das Mündliche abläuft, stützt sich das schulische Lernen weitgehend auf das Schriftliche.

In der mehrsprachigen Erziehung stellt sich nun die Frage, in welcher Sprache das Kind alphabetisiert werden soll. Auch in zweisprachigen Schulen scheint dieses Problem nicht restlos gelöst: Sollen die Kinder zuerst in einer Sprache alphabetisiert werden und soll der Schrifterwerb in der anderen Sprache erst ein Jahr später einsetzen? Die meisten zweisprachigen Schulen wählen diese Variante des stufenweisen Vorgehens. Modellversuche haben aber gezeigt, dass auch ein gleichzeitiges Lernen des Schriftlichen in zwei Sprachen möglich ist. Grundsätzlich gilt jedoch, dass zweisprachige Kinder im Schulalter zunächst in der Umgebungssprache Lesen und Schreiben lernen. Es kann vorkommen, dass Kinder bereits im Alter von vier Jahren in ihrer Erstsprache zu lesen und schreiben beginnen. Diese Entwicklung darf weder gebremst noch gefördert werden. Wichtig ist, dass die Kinder die Freude am Lesen und Schreiben entdecken. Das Lesen in der nicht schulischen Erstsprache sollte wenn möglich erst dann beginnen, wenn das Kind in der Schulsprache fließend lesen und schreiben kann.

Lesen in der nicht schulischen Erstsprache

Das Lesen und Verstehen von Texten in der Erstsprache, die nicht der Schulsprache entspricht, kann auch von den Bezugspersonen gefördert werden, wenn das Kind Interesse zeigt. Dabei geht es nicht um das Üben des Vorlesens (Lesefertigkeit), sondern um die Freude am eigenständigen Lesen von Texten und um die Einsicht des Nutzens. Dieses Ziel kann durch folgende Maßnahmen unterstützt werden.

- Die Bezugspersonen lesen Kinderbücher in ihren Sprachen vor.
- Die Kinder holen sich Lesestoff aus der Bibliothek. Die Bezugspersonen begleiten sie wenn möglich.
- Die Bezugspersonen lesen mit den Kindern Sachbücher über Themen, die die Kinder gerade interessieren.
- Sie kochen Mahlzeiten gemäß Rezeptbuch mit den Kindern.
- Die Bezugspersonen machen mit dem Kind eine Lesezeit ab (zum Beispiel jeden Tag zwanzig Minuten oder jeden Samstag und Sonntag von 17.00 bis 17.45).
- Das Kind darf sich Bücher wünschen, die es lesen möchte (auch Comics), und die Bezugspersonen besorgen sie (Bibliothek, Buchhandlung, Internet).
- Die Bezugspersonen abonnieren auf Wunsch des Kindes oder probeweise eine Zeitschrift und das Kind verpflichtet sich, die Zeitschrift zu lesen.
- Die Bezugspersonen suchen nach Möglichkeiten, einen Computer zu Hause zu installieren. Das Kind lernt den Computer durch Computerspiele kennen.

Leseprobleme in der Schulsprache

Wenn die Bezugspersonen das Gefühl haben, dass die Lesefertigkeit in der Schulsprache problematisch ist, informieren sie sich bei der Lehrerin/dem Lehrer des Kindes, ob das Kind fließend lesen kann. Falls Probleme bestehen, üben die Bezugspersonen mit dem Kind nach Absprache mit der Lehrperson, und zwar auch dann, wenn sie die Schulsprache nicht so gut beherrschen.

Leseübung

- Das Kind wählt eine ganz kurze Geschichte (zum Beispiel einen Witz) oder einen Satz aus einer Geschichte.
- Das Kind liest den gewählten Text mehrmals laut und korrekt vor und zwar so oft, bis es den Text flüssig vorliest (nicht auswendig lernen!).
- Das Kind nimmt den Text auf Kassette (Audio oder Video) auf.
- Das Kind kontrolliert zusammen mit den Bezugspersonen den aufgenommenen Text.
- Diese Übung wird täglich wiederholt.

Schreiben in der nicht schulischen Erstsprache

Das Schreiben in der Erstsprache sollte in der Regel erst dann gefördert werden, wenn das Kind in der Schulsprache bereits schreiben kann. Die Schreibanlässe sollten sich aus einem realen Bedürfnis ergeben, so dass das Kind ein entsprechendes Interesse am Schreiben entwickeln kann.

- Die Bezugspersonen lassen das Kind Glückwünsche (zum Beispiel zum Muttertag oder zum Geburtstag des Großvaters) schreiben.
- Sie lassen das Kind an Wettbewerben von Produkten teilnehmen (Fragen beantworten, Adresse schreiben, Karte abschicken).
- Die Bezugspersonen lassen das Kind Memos schreiben (Einkaufslisten, kurze Mitteilungen usw.)

- Sie lassen das Kind SMS oder E-Mails an Bekannte oder Verwandte im Heimatland schreiben.
- Die Bezugspersonen suchen nach Möglichkeiten, einen Computer zu Hause zu installieren. Das Kind lernt das Textprogramm kennen.

Schreibprobleme in der Schulsprache

Die Bezugspersonen informieren sich bei der Lehrperson über die Schreibfertigkeit des Kindes: Kann das Kind altersgemäß korrekt schreiben? Falls Probleme bestehen, üben die Bezugspersonen mit dem Kind regelmäßig nach folgender Technik:

Schreibübung

- Das Kind wählt eine ganz kurze Geschichte (zum Beispiel einen Witz) oder einen Satz aus einer Geschichte.
- Das Kind liest den gewählten Text mehrmals laut und korrekt vor.
- Das Kind nimmt den Text auf Kassette (Audio oder Video) mit langsamen Sprechtempo auf.
- Das Kind schreibt den aufgenommenen Text als Diktat (mit Pausentaste) und liest ihn anschließend durch.
- Das Kind kontrolliert seinen Text mit dem Original und korrigiert die Fehler.
- Für Fehler, die mehrmals vorkommen, schreibt das Kind die Regel auf eine Checkliste (zum Beispiel: Alle Wörter mit der/die/das schreibt man groß.). Beim nächsten Diktat wird diese Liste bei der Korrektur eingesetzt.
- Diese Übung wird zwei- oder dreimal pro Woche wiederholt.

Lesen und Schreiben vor dem Schuleintritt

Eltern stellen sich oft die Frage, ob es nicht sinnvoll wäre, wenn das Kind schon vor dem Schuleintritt lesen und schreiben lernen würde. So hätte das Kind in der ersten Klasse einen Vorteil und würde auch bessere Noten erzielen. Andere Eltern beobachten, wie Kinder in der Nachbarschaft im Alter von vier Jahren bereits mit Buchstaben umgehen können, und befürchten, dass das eigene Kind in der ersten Klasse benachteiligt sein könnte. Tatsächlich gibt es Kinder, die mit nur wenigen Informationen über die Buchstaben gleichsam von selbst lesen lernen. Diese Fälle dürfen aber in Bezug auf die sprachliche Erziehung des eigenen Kindes nicht verunsichern.

Kinder im Vorschulalter lernen in der Regel soviel, wie sie ertragen können. Es wäre falsch zu denken, Eltern hätten die Pflicht, den Kindern das Lesen und Schreiben im Vorschulalter beizubringen. Und es wäre noch verwegener zu denken, dass das Kind im Vorschulalter unbedingt in der Erstsprache lesen und schreiben lernen soll, nur weil im Herkunftsland die Kinder vielleicht mit fünf Jahren schon lesen lernen.

Zur Zeit existieren keine klaren Beweise für oder gegen einen Früherwerb von Lese- und Schreibfertigkeiten. Sicher ist nur, dass die Kinder schon früh auch lesen und schreiben lernen können, weshalb es auch sinnlos wäre, den Eltern die Entwicklung dieser Fertigkeiten zu Hause zu verbieten. Voraussetzung ist aber, dass die Kinder das selbst wollen und die Eltern damit locker und nicht schulisch umgehen.

Die spracherzieherische Rolle der Eltern endet natürlich nicht mit dem Beginn der Schulzeit ihrer Kinder. Vielmehr müssen sich die Bezugspersonen in der Familie bemühen, die Erstsprache(n) auf der mündlichen Ebene weiter zu pflegen. Das ist gleichsam das angestammte Territorium ihrer Sprachförderung. Die Empfehlungen für das Verstehen und das Sprechen gelten damit weiter.

Selbstverständlich können die Bezugspersonen auch helfen, wenn schulische Probleme in der Lesefertigkeit und in der Rechtschreibung entstehen. Dies ist vor allem dann angezeigt, wenn das Kind im dritten oder vierten Schuljahr nach wie vor Schwierigkeiten beim Lesen oder in der Rechtschreibung hat. Auch wenn es sich um die Sprache handelt, die sie vielleicht nicht so gut beherrschen, können Eltern nach Absprache mit der Lehrperson die oben beschriebenen Übungstechniken einsetzen und ihr Kind so unterstützen.

5.4   Der Einsatz von neuen Medien

Unter dem Begriff *neue Medien* sind grundsätzlich alle elektronischen Geräte, die mit der Computerwelt verbunden sind, zusammengefasst: elektronische Spiele, CD-ROM, Internet, E-Mail, SMS, DVD usw. Es handelt sich um technische Errungenschaften, die heutzutage zum Alltagsleben vieler Kinder gehören.

Normalerweise lernen die Kinder den Gebrauch elektronischer Geräte wie Handy, Gameboy, Computer usw. schneller als Erwachsene. In der zweisprachigen Erziehung kann der Einsatz dieser Medien genutzt werden. Auf den Einsatz von Videofilmen und Hörkassetten wurde oben hingewiesen. Im Folgenden werden die Vorteile weiterer Medien für die zweisprachige Entwicklung aufgezeigt.

Elektronische Spiele

Viele intelligente Spiele auf dem Computer verlangen von den Kindern einiges an Leseleistung. Die Anleitungen für das Spiel müssen gelesen werden, damit man überhaupt beginnen kann; während des Spiels muss ständig nachgelesen werden, was zu tun ist; die Lösungen sind schwierig und regen zum Austausch mit anderen Spielenden an. Wir sprechen hier also nicht von den vielen Spielen, bei denen zwei Gegner sich totschlagen oder zwei Autos um die Wette fahren, sondern von Spielen, die knifflige Lösungen verlangen. Solche Spiele bieten einiges an Lesestoff. Falls die Möglichkeit besteht, ein solches Spiel in der Erstsprache einzusetzen, lernt das Kind im Schulalter fast von selbst in dieser Sprache zu lesen.

Zeigen Sie Interesse an den Spielwünschen der Kinder und lassen Sie sich Spiele zeigen und erklären. Spielen Sie das Spiel zusammen mit ihrem Kind und geben Sie Ihre Meinung dazu. Suchen Sie analoge Spiele in der Erstsprache des Kindes. Sprechen Sie mit Ihrem Kind über die Spiele und fragen Sie, warum das eine oder das andere Spiel es so fasziniert. Legen Sie für das Spielen am Computer für jede Sprache eine zeitliche Limite fest, so dass das Kind nur dann länger spielen darf, wenn es die Sprache wechselt.

Tipp 22

SMS und E-Mail

Millionen von Menschen besitzen ein Mobiltelefon (Handy) und/oder einen PC mit E-Mail. Dies sind fantastische Möglichkeiten, um im Kontakt mit Bekannten und Verwandten im Herkunftsland zu bleiben. Es genügt, dass anlässlich einer Reise ins Herkunftsland eine engere Beziehung zu gleichaltrigen Kindern und Jugendlichen aufgebaut wird, und schon wird nach der Rückreise der schriftliche Kontakt per SMS und E-Mail zu einem Bedürfnis. Diese natürlichen Schreibanlässe können genutzt werden, um dem Kind die Grundlagen des Schreibens in der Herkunftssprache zu vermitteln.

Die Kürze und die informelle Situation dieser schriftlichen Texte erlauben einen einfachen Einstieg ins Schreiben der nicht schulischen Erstsprache. Die Sprache in diesen Medien darf grammatikalische Vereinfachungen und lexikalische Abkürzungen aufweisen, die der schreibenden Person gewisse Freiheiten erlauben, weil der Inhalt wichtiger als die Form ist.

Installieren Sie ein E-Mail-Programm vor den Ferien im Heimatland und zeigen Sie ihrem Kind, wie Sie in der Erstsprache mit Bekannten und Verwandten dort korrespondieren können. Ermöglichen Sie Ihrem 14-jährigen Sohn oder Ihrer 14-jährigen Tochter vor den Ferien den Zugang zu einem Handy mit Prepaid-Card und sorgen Sie dafür, dass Ihr Kind im Heimatland mit Gleichaltrigen, die ausschließlich die Erstsprache sprechen, zusammenkommt. Die Jugendlichen werden von selbst im Kontakt bleiben wollen, wenigstens für einige Monate.

Tipp 23

Zugang zum Internet

Das Internet ist eine fast grenzenlose Quelle von Informationen. Die Möglichkeiten dieses Mediums können auch für die mehrsprachige Erziehung genutzt werden. Die Eltern können das Kind beispielsweise dazu animieren, dass es bestimmte Web-Seiten in der Herkunftssprache lesen möchte. Zu Beginn können die Seiten mit Hilfe der Bezugspersonen gelesen werden, mit der Zeit machen sich die Kinder selbstständig, wenn sie an einem Thema stark interessiert sind. Das Internet mit seinen zum Teil gerade für Kinder problematischen Inhalten bietet auch Diskussionsstoff. Zwischen Eltern und Kindern müssen Regeln vereinbart werden, wie die Kinder das Internet nützen dürfen.

Die neuen Medien bieten also sehr viel, um eine zweisprachige Erziehung auch auf der Ebene des Schriftlichen zu unterstützen. Allerdings darf man auch hier nicht vergessen, dass die Eltern bzw. die Bezugspersonen ihre erzieherische Rolle behalten müssen. Es wäre falsch zu denken, dass diese Medien die elterliche Funktion in der Sprachvermittlung kompensieren können.

Tipp 24   Zeigen Sie Ihrem Kind Web-Seiten in der Herkunftssprache, die es interessieren könnten. Drucken Sie einzelne interessante Seiten aus und lesen Sie diese Ihrem Kind vor. Erklären Sie Ihrem Kind, wie es selbst interessante Web-Seiten finden kann.

6 Eine gelungene zweisprachige Erziehung

Zum Schluss wird exemplarisch ein Fall vorgestellt, bei dem die zweisprachige Erziehung gut gelungen ist. Stefano ist 15 Jahre alt und in der Deutschschweiz aufgewachsen. Der Vater ist Italiener, die Mutter ist Deutschschweizerin. Stefano hat zwei Brüder: Claudio (4 Jahre) und Fabio (2). In den ersten Lebensjahren von Stefano (bis etwa vier Jahre) spielten die Mutter und die schweizerischen Großeltern die Hauptrolle in der Vermittlung des Schweizerdeutschen und des Italienischen. Der Vater lebte damals in Italien, und trotz intensiver Kontakte mit dem Kind war seine Anwesenheit zeitlich beschränkt. Trotz dieser schwierigen Anfangsbedingungen für die Vermittlung der schwachen Sprache, das heißt des Italienischen, ist Stefano perfekt zweisprachig aufgewachsen. Er kann mit 15 Jahren Deutsch und Italienisch auf Nativespeaker-Niveau verstehen, sprechen, lesen und schreiben.

Obschon die Eltern als Akademiker großen Wert auf die Spracherziehung legen, haben sie bei der Vermittlung beider Sprachen eher unbewusst und teilweise auch spontan gehandelt. Die spracherzieherische Wahl der Familie von Stefano hat sich im Laufe der Zeit als richtig erwiesen, aber eine vorgeplante Strategie war nie vorhanden. Dieselbe zweisprachige Erziehung erhalten jetzt auch Claudio und Fabio. Der einzige Unterschied ist allerdings, dass der Vater nun von Anfang an die eigene Sprache vermittelt hat. Er folgt dem Prinzip *eine Person – eine Sprache*.

Der Beginn: die ersten fünf Lebensjahre

Von Anfang an war die Familiensprache Italienisch und die Umgebungssprache Schweizerdeutsch. Die Mutter von Stefano beschloss, mit dem Kind Italienisch zu sprechen, das sie auf Nativespeaker-Niveau beherrscht.

Der Vater hat immer die italienische Standardsprache verwendet. Seine Kompetenzen in der deutschen Sprache waren in den ersten Jahren gering, und deshalb wurde Italienisch zur Familien- und Beziehungssprache. Die Situation ist heute mehr oder weniger unverändert geblieben, auch wenn die sprachlichen Kompetenzen des Vaters im Deutschen viel besser geworden sind. Die Großeltern und die anderen Bezugspersonen in der Schweiz haben mit Stefano immer Schweizerdeutsch gesprochen. Die Großeltern und die Umgebungspersonen in Italien haben mit Stefano immer die italienische Standardsprache gebraucht. Das sprachliche Verhalten folgte immer konsequent dem Prinzip *eine Person – eine Sprache*.

Italienisch wurde zu einer wichtigen Beziehungssprache, unter anderem auch durch die engen Beziehungen mit dem Heimatland des Vaters. Für diese Entwicklung wirkten sich die regelmäßigen Reisen nach Italien sowie das optimale Verhältnis zu den italienischen Großeltern und ihrer Umgebung positiv aus. Dadurch entwickelte Stefano eine ausgeprägte italienische Identität. Stefano erfuhr früh schon den konkreten Nutzen seiner Zweisprachigkeit, denn er spielte schon im Alter von zwei bis drei Jahren die Rolle des Dolmetschers zwischen den schweizerischen und den italienischen Großeltern. In beiden Sprachen wurden Kinderbücher und Geschichten erzählt, Fernsehsendungen angeschaut und besprochen und Lieder gesungen.

Kindergarten (fünf bis sechs Jahre)

Der Vater von Stefano verbrachte immer mehr Zeit in der Schweiz und übernahm eine aktive erzieherische Rolle. Er sprach konsequent immer Italienisch auch in schweizerdeutscher Umgebung, auch wenn er die deutsche Sprache mittlerweile fast perfekt beherrschte und Dialekt verstand. Die Mutter von Stefano verwendete hingegen immer mehr den deutschschweizerischen Dialekt auch mit dem Kind. Die Hauptsprache zwischen den Eltern blieb aber das Italienische. Mit den Großeltern aus der Schweiz und Italien blieb die Situation praktisch unverändert. Mit dem Eintritt in den Kindergarten entwickelte sich das Schweizerdeutsch zur starken Sprache.

Stefano verhielt sich in der Familie weiterhin gemäß den Vorbildern, das heißt mit dem Vater sprach er konsequent Italienisch und mit der Mutter wechselte er vom Italienischen zum Schweizerdeutschen. Stefano hat damit den Sprachwechsel der Mutter mitgemacht, nicht zuletzt auch weil dies die Sprache der Gleichaltrigen im Kindergarten war. Italienisch spielte weiterhin eine wichtige affektive Rolle und wurde durch zahlreiche Reisen nach Italien auch mit einer langen Aufenthaltszeit bei den italienischen Großeltern während den Ferien unterstützt. Lektüren, Audio- und Videokassetten wurden konsequent in beiden Sprachen angeboten.

Grundschule (sieben bis elf Jahre)

Stefano besuchte die Schule in der Schweiz und wurde auf Deutsch alphabetisiert. Er besuchte jedoch keine Kurse in der heimatlichen Sprache und Kultur (HSK-Italienisch), das heißt er lernte die italienische Schriftsprache nicht durch Unterricht. Italienisch blieb die Hauptsprache der Familie. Im Schulalter begann Stefano auch in Anwesenheit des Vaters Schweizerdeutsch zu sprechen, denn der Vater konnte das Deutsche bzw. den schweizerdeutschen Dialekt wesentlich besser als vor einigen Jahren verstehen und sprechen. Der Vater blieb jedoch beim Prinzip *eine Person – eine Sprache*. Die italienische Sprache spielte weiterhin eine wichtige Rolle, und die Kontakte mit der italienischen Sprache und Kultur blieben intensiv. Stefano hatte auch die Gelegenheit, zahlreiche kulturelle Ereignisse in Italien persönlich zu erleben.

Mit der Entwicklung der Lesefertigkeit begann Stefano spontan, Texte auf Deutsch und auf Italienisch zu lesen, und die Eltern kauften zahlreiche altersgemäße Bücher, um diese Leidenschaft zu stärken. Mit der Entwicklung der Schreibfertigkeit begann Stefano auch, kleine italienische Sätze zu schreiben. Zum Beispiel zeichnete er Comics und versuchte die Figuren in beiden Sprachen schriftlich zu ergänzen. Die Eltern halfen ihm bei diesen spontanen Aufgaben, jedoch nicht als «Schulmeister» sondern eher als Beratende. Mit der Einführung des Frühfranzösischen in der Schule entdeckte Stefano auch, dass dank seiner Italienischkenntnisse für ihn das Lernen der französischen Sprache einfacher war als für einsprachige Kinder.

Oberstufe (12 bis 15 Jahre)

Heute hat Stefano eine starke affektive Beziehung zum Italienischen entwickelt. Er fühlt sich als Italiener und ist stolz darauf. Er ist Anhänger einer italienischen Fußballmannschaft und einer Eishockeymannschaft aus dem Tessin. Er verfolgt regelmäßig Fernseh- und Radiosendungen aus Italien und dem Tessin und hört fast ausschließlich italienische Musik. Er spricht mit anderen italienischen Schulkollegen der zweiten Generation spontan italienisch, oft mit dem Sprachkodewechsel Schweizerdeutsch/Italienisch (Codeswitching).

Stefano setzt seine Zweisprachigkeit gezielt ein, um Schulaufgaben zu erledigen. Für die Vorträge in der Schule verwendet er oft Materialien auf Italienisch und überträgt sie ins Deutsche. Er liest Bücher (auch Sachbücher) und Zeitschriften auf Italienisch und auf Deutsch. Er schreibt selbständig SMS und kommuniziert im Internet auf Italienisch. Für orthographische Fragen oder Unklarheiten wendet er sich an den Vater.

Die sprachliche Konstellation in der Familie ist heute so: Die Hauptsprache in der Familie ist Italienisch. Der schweizerdeutsche Dialekt dient als Geheimsprache in Italien. Mit der Mutter spricht Stefano überwiegend Schweizerdeutsch, aber auch Italienisch, vor allem in italienischer Umgebung. Die Sprachwahl ist stark von der Situation abhängig. Mit dem Vater spricht er hingegen ausschließlich Italienisch.

Die sprachliche Entwicklung der Geschwister

In den letzten vier Jahren sind zwei weitere Kinder zur Welt gekommen. Claudio ist vier und Fabio zwei Jahre alt. Die Hauptsprache zwischen Vater und Mutter ist das Italienische geblieben, und beide Eltern haben weiter das Prinzip *eine Person – eine Sprache* beibehalten. Die Sprache der Umgebung ist dominant und nur der Vater spricht mit den Kindern Italienisch. Die Reisen nach Italien sind weniger häufig, und somit sind auch die Kontakte mit den dort lebenden Großeltern nicht so intensiv.

Claudio (4) sprach bis zum dritten Lebensjahr fast ausschließlich Schweizerdeutsch, auch mit dem Vater, während er Italienisch perfekt verstand. Während einer Reise nach Italien begriff er aber, dass die Großeltern und die anderen Personen in der italienischen Umgebung kein Deutsch verstanden. Er wurde sich plötzlich seiner Zweisprachigkeit bewusst und begann langsam, Italienisch zu sprechen. Jetzt spricht er unabhängig von der Situation Italienisch mit dem Vater. Die Kompetenz im Wortschatz sowie auch in der Aussprache beider Sprachen ist sehr hoch. Der Vater hilft ihm, die richtigen italienischen Wörter zu finden, falls er sie nicht kennt.

Fabio (2) hat seine Sprechfertigkeit sehr früh erlangt. Es scheint, dass er die Sprachwahl automatisch durchführt. Mit dem Vater verwendet er fast immer italienische Ausdrücke, und falls er einen schweizerdeutschen Ausdruck braucht, verwendet der Vater konsequent immer das entsprechende Wort auf Italienisch.

Die drei Brüder sprechen untereinander Schweizerdeutsch, auch wenn der Vater anwesend ist. In gewissen Situationen kann es aber geschehen, dass Stefano bewusst Italienisch spricht und die kleinen Brüder ihm folgen. Die beispielhafte Rolle des großen Bruders und seine affektive Beziehung mit der italienischen Sprache können die Zweisprachigkeit der jüngeren Geschwister unterstützen.

Anhang

Anmerkungen

1 Umständliche Formulierungen mit männlichen und weiblichen Formen vermeiden wir durch eine bewusste und gleichmäßige Streuung der einen oder anderen Form.

2 *Europäisches Sprachenportfolio – Schweizer Version* (2001), Schulverlag Bern

3 P. SIEBER (1998): *Sprachkenntnisse – besser als ihr Ruf, nötiger denn je.* Sauerländer Verlag, Aarau

4 Ch. PERREGAUX / C. NODARI (1996): *Odyssea. Ansätze einer interkulturellen Pädagogik.* Lehrmittelverlag Kt. Zürich

   B. SCHADER (2000): *Sprachenvielfalt als Chance. Handbuch für den Unterricht in mehrsprachigen Klassen; Hintergründe und 95 Unterrichtsvorschläge für Kindergarten bis Sekundarstufe I.* Orell Füssli, Zürich

5 C. NEUGEBAUER / C. NODARI (2002): *Pipapo 1. Deutsch für fremdsprachige Kinder und Jugendliche.* Lehrmittelverlag des Kantons Aargau, Buchs

6 J. CUMMINS (2000): *Language, Power and Pedagogy. Bilingual Children in the Crossfire.* Multilingual Matters LTD, Clevedon

7 UNESCO-Schweiz (2000): *Bildungsziele angesichts wachsender gesellschaftlicher Komplexität. Manifest der Sektion Bildung und Gesellschaft.* Bern (Bezug: Fax ++41 (0) 31 324 10 70

8 Manche Kinder brauchen dafür bis zu zwei Jahre.

9 E. APELTAUER (1997): *Grundlagen des Erst- und Fremdsprachenerwerbs. Eine Einführung.* Fernstudieneinheit. 15. Berlin, Langenscheidt, 1997. 51–52

10 In der Deutschschweiz lernen die Kinder während der Schulzeit sogar zwei Varianten der gleichen Sprache, den lokalen Dialekt und die Hochsprache.

11 Mit einer gezielten Ausspracheschulung, wie sie zum Beispiel Schauspielschüler/innen erfahren, kann allerdings auch dies gelingen.

12 Siehe: M. GYGER / B. HECKENDORN (1999): *Erfolgreich integriert?* Schulverlag Bern

13   Ital. *Il capo della ditta non mi ha pagato il contributo alla mutua privata sulla salute.*

14   Die Sprachen haben wir willkürlich gewählt, sie können durch andere Sprachen ersetzt werden.

15   Das Phänomen von Mischsprachen ist historisch gesehen eine absolut normale Erscheinung. Streng genommen sind eigentlich alle Sprachen Mischsprachen. Englisch ist ein ausgeprägtes Beispiel einer Mischsprache. Im Wortschatz des Englischen sind nur gerade 50 Prozent der Wörter germanischen Ursprungs, während die andere Hälfte aus dem Französischen und Lateinischen stammt. So sind auch viele Sprachen in ehemaligen Kolonien Mischungen von ursprünglicher Ortssprache und den Kolonialisationssprachen Spanisch, Französisch und/oder Englisch. In der Sprachwissenschaft werden diese Sprachen auch Creol-Sprachen genannt.

16   Hier ist nicht das Grammatikwissen gemeint – zum Beispiel was ein Subjekt oder ein Verb ist. Das Wissen über grammatikalische Formen und Strukturen hat eher mit Sprachgefühl zu tun. Nativespeaker wissen, dass zum Beispiel «du sprecht» falsch ist und es korrekt «du sprichst» heißt. Warum dies so ist, hat mit zum Teil unbewusstem Wissen über grammatikalische Formen und Strukturen zu tun.

17   Siehe dazu: D. Da Rin / C. Nodari (2000): *Interkulturelle Kommunikation – wozu? Theoretische Grundlagen und Bestandesaufnahme von Kursangeboten.* Schweizerische Nationale UNESCO-Kommission, Sektion Bildung und Gesellschaft. Bern (Gratisbezug: Fax ++41 (0)31 324 10 70).

18   Eine Auswertung zur Situation in der Schweiz: Urs Moser (2001): *Für das Leben gerüstet? Die Grundkompetenzen der Jugendlichen – Kurzfassung des nationalen Berichtes PISA 2000.* Bildungsmonitoring Schweiz. Hrsg. Bundesamt für Statistik (BFS) und Schweizerische Konferenz der kantonalen Erziehungsdirektoren (EDK) www.statistik.admin.ch/stat_ch/ber15/pisa/pisa_d_r001.htm

Sachregister

Hauptsache: Pädagogik

Michèle Minelli

Endstation Schulausschluss?

**Über den Umgang
mit schwierigen Schulkindern**

204 Seiten, kartoniert
EUR 19.50 / CHF 34.–
ISBN 3-258-06525-X

Aggressive Jugendliche, Lehrpersonen am Rand ihrer Kräfte, Disziplinschwierigkeiten im Klassenzimmer und auf dem Schulhof – fast täglich liest man in der Presse über die Probleme in unseren Schulen. Schulgesetze werden verschärft, Schulverweise rascher ausgesprochen, und immer häufiger trifft es auch jüngere Kinder.

Anhand von verschiedenen Porträts führt die Autorin vor Augen, welche Gründe, Missverständnisse und Kommunikationsprobleme in die Sackgasse «Schulausschluss» führen können. Wie es dazu kommt, weshalb sich Lehrerinnen und Lehrer im Stich gelassen fühlen, welche Mädchen und Buben schließlich durch die Maschen fallen und mit welchen Problemen ihre Eltern konfrontiert sind – darüber gibt dieses Buch Auskunft.

Die Autorin zeigt aber auch, welche konstruktiven Lösungsmodelle im In- und Ausland mit Erfolg erprobt werden, um jenen Hand zu bieten, die mit ihrer Schulsituation in wahre Not gelangt sind. Ein Buch, das durch seine Aktualität aufrüttelt und zum Nachdenken anregt.

«Engagiert, lebendig, spannend!»
(Sozialpädagogik)

:Haupt

Hauptsache: Pädagogik

Susanne Rüegg (Hrsg.)

Elternmitarbeit in der Schule

Erwartungen, Probleme und Chancen

95 Seiten, 2 Grafiken, Klappenbroschur
EUR 16.– / CHF 26.–

ISBN 3-258-06370-2

Angesichts des raschen Wandels der Gesellschaft, der sich auf die Familie wie auf die Schule auswirkt, werden neue Zusammenearbeitsformen zwischen Schule und Elternhaus notwendig. Eltern wollen wissen, was in der Schule und mit ihren Kindern geschieht. Elternmitarbeit bietet daher die Möglilchkeit, das Verhältnis zwischen Schule und Elternhaus aktiv zu gestalten und den Dialog zu verstärken.

Die Autorinnen und Autoren dieses Bandes greifen zentrale Fragen rund um die Elternmitarbeit in der Schule auf. Sie geben fachkundige Hinweise zur praktischen Umsetzung und erörtern pädagogische und interkulturelle Aspekte. An konkreten Beispielen stellen sie dar, wie sich die Zusammenarbeit zwischen Eltern und Schule gestalten lässt, und zeigen, wie die Beteiligten mit Schwierigkeiten, Ängsten und Hindernissen umgehen können. Alle Fragen werden praxisnah und aus unterschiedlicher Perspektive beleuchtet – aus der Sicht von Eltern, Elternvereinigung, Lehrpersonen, Erziehungswissenschaftler/innen und der Lehrerinnen- und Lehrerweiterbildung. Ein informatives Buch für alle, denen Elternmitarbeit ein Anliegen ist.

«Wer unter Elternmitarbeit mehr versteht als die Mithilfe am Getränkestand des Schulfestes oder die Teilnahme am Elternabend zu Beginn des neuen Schuljahres, findet im Buch ‹Elternmitarbeit in der Schule› viele Informationen, Überlegungen und Tipps.»
(Schulblatt Aargau / Solothurn)

Hauptsache: Pädagogik

Barbara Zollinger (Hrsg.)

Wenn Kinder die Sprache nicht entdecken

Einblicke in die Praxis der Sprachtherapie

2. Auflage, 79 Seiten, 6 s/w-Abbildungen, Klappenbroschur
EUR 12.90 / CHF 21.–
ISBN 3-258-06142-4

Was sind mögliche Gründe für Spracherwerbsstörungen? Wie sind Probleme des Sprachverständnisses im Alltag zu beobachten? Mit welchen Fragen sind Kinder mit dem Down-Syndrom oder stotternde Kinder konfrontiert? Und schließlich: Wie sieht eine Sprachtherapie aus – was kann sie bewirken? Sechs Therapeutinnen berichten gut verständlich über ihre Arbeit mit kleinen Kindern, deren Sprachentwicklung verzögert ist. Sie geben Eltern wie auch Fachpersonen einen Einblick in die Sprachtherapiestunden und zugleich Antworten auf viele Fragen.

«Nicht nur ideal für Eltern, die ihre Kinder zur Therapie bringen, sondern … ebenso wichtig für praktizierende TherapeutInnen.»
(Forum Logopädie)

: Haupt